教育実践

中学生のための
ストレス
マネジメント教育

北海道教育大学教職大学院長
安川禎亮－編著

北海道教育大学附属釧路中学校養護教諭
木須千明－著

北海道教育大学附属釧路中学校教諭
柴田題寛－著

合同出版

本書の出版にあたって
「令和元年度北海道教育大学学長裁量経費」から出版助成を受けた。

【目 次】

■はじめに

　近年、子どもを取り巻く環境は大きく変化している。不登校の数やいじめの認知件数などが、いずれの数字も全国的に増加しているが、これは子どもたちが置かれている状況の困難さの1つの証左であろう。

　現代社会では、大人のみならず子どもたちも家庭や学校などで過度のストレスを抱えている。ストレス時代と形容されるが、それが心身の健康問題に深刻な影響を及ぼしており、その結果が、子どもたちでは不登校やいじめなどに表れている。周囲が問題だと気づくまでには至らない、隠れ不登校と呼ばれる子どもたちやスマホ依存、SNSを介した人間関係から起こってくる、一言では語れないさまざまな問題が子どもたちを取り巻いている。

　複雑化した子どもたちの人間関係、そこから生じてくるさまざまな問題に対応することが、学校教育においても急務になっている。

　文部科学省（2003）は、「ストレスマネジメント教育」について、ストレスに対する正しい知識や対処方法を身につけ、セルフ・ケアができる力を育て、困難な状況を乗り越える「生きる力」を育むことが必要であるとしている。

　ストレスマネジメント教育とは、ストレスに対するセルフコントロールを効果的に行なえるようになることを目的とした教育的な働きかけであり、ストレスに対する予防的、健康教育的な働きかけを意味する概念である。これまでの心の健康問題対策に加え、予防的視点に焦点を当てたストレスマネジメント教育が推奨され、教育プログラムの開発や実践が積み重ねられてきている。

　さらに経済産業省（2006）は、職場や地域社会で多様な人びとと仕事をしていくために必要な基礎的な力として「社会人基礎力」を提唱している。社会人基礎力には、①前に踏み出す力、②考え抜く力、③チームで働く力、この3つが求められており、とくにチームで働く力のうちの1つにストレスコントロール力が挙げられている。

子どもたちが将来、自己実現を果たし、社会で生き生きと活躍するためには、子どもたち自身が自分の心や身体に目を向け、自分自身をコントロールする力を身につける、ストレスマネジメント教育が必要だと考え、その実践に取り組んできた。

　本書では、中学校におけるストレスマネジメント教育の考え方と1〜3年生の実践をまとめ、そのあり方を検討したものである。現場で適切な対応を求めている子どもたちと関わる方々の参考になれば望外の喜びである。

執筆者を代表して　　**安川禎亮**

第1章

ストレス
マネジメント
教育

ストレスマネジメント教育の必要性

1 中学生の発達段階とストレッサー

　中学生という発達段階は、思春期に入り心身共に急激な発達的変化を遂げる時期である。親や友達と異なる自分独自の内面の世界があることに気づきはじめるとともに、理想と現実の違いに悩み、さまざまな葛藤の中で自らの生き方を模索しはじめる時期とされている。また、大人との関係よりも、友人関係が大きな割合を占めるようになり、親に対して反抗したりと自我と欲求の狭間で揺れ動く自己形成の時期である。

　それゆえ、生徒指導に関する問題行動や不登校の割合が増加するなど、さまざまな問題が表出しやすいのが思春期を迎える中学生の特徴である。中学生は時に友人関係で悩みを抱えていたり、うわさ話や悪口、いらいらが収まらずにきつい言い方をしてしまうなど、思春期特有の複雑な感情が入り交じった心理状態にある。

　さらに学年ごとの特徴を見てみると、不登校になった学年は、中学1年生が最も高く、次いで中学2年生が同程度の数値を示している。また、保健室登校の開始学年も中学1年生時が一番多くなっている。中学1年生は小学校から中学校への移行期であり、物理的にも精神的にも大きな変化がある。さらに心身共に急激な発達的変化を遂げる時期で、全学年で一番ストレスが高まりやすい時期であると言えるだろう。

　中学校3年間で新規の不登校生徒の数が一番多くなるのが中学2年生である。思春期に入る時期には個人差があるが、中学2年生になると心身共に急激に成長したり思春期に突入する生徒が増加することから友人関係におけるトラブルや不登校生徒の出現も少なくない。

　中学3年生では、中学1、2年生と同様の思春期特有の心の揺れに加え、高校受験という人生の大きな分岐点があり、高校受験というストレッサーを抱えて、ストレスの程度が高いとされている。このように中学3年生では、学業ストレッサーや進路選択、高校受験を前にしてさまざまなストレッサー、保護者からのプ

レッシャーなどと向き合うことになる。

2　過剰適応

（1）過剰適応について

　社会生活や学校生活の営みの中で、自己の欲求を抑え、周囲の要求や期待に応えることはあるが、それが行き過ぎた場合、過度のストレスを抱え込むことになり、抑うつなどの不適応につながることがある。

　適応した状態とは、「外的適応」（社会的・文化的環境への適応）と「内的（心理的）適応」（自己の内面への適応）の両者が調和していることとされているが、両者の調和が崩れると「不適応」になる。「不適応」状態の多くは、過剰適応を伴い、先行研究を見ていくと定義は未だ定まっていないが、おおむね外的適応の過剰と内的適応の低下という2つの側面から起こってくるとされている。

（2）過剰適応に対する支援

　学校における子どもたちへの過剰適応に対する支援を検討するにあたり、①過剰適応に影響を及ぼす要因と、②過剰適応が影響を及ぼす要因とに分類した。

　①過剰適応に影響を及ぼす要因

　内的不適応感が生じる事により、過剰な外的適応行動がなされ、いわゆる自分らしさを感じられていない状態になる。先行研究のレビューから、その要因としては「親子関係・養育態度」「性格特性」「個人の特性や状態（承認欲求・見捨てられ不安）」「精神的健康要因の強迫観念、対人恐怖」「自尊心」「アイデンティティ」「本来感」があげられ、自己不全感に代表される内的不適応感を解消するための介入が必要であるとされている。

　②過剰適応が影響を及ぼす要因

　外的な要因により過剰な外的適応行動をとり、それが内的不適応感の要因となると考えられる。先行研究のレビューでは、その要因として「社会適応能力」「不合理な信念」「集団アイデンティティ」「対人スキルの欠如」「他者に対する認知の歪み」「ネガティブな感情への否認」「集団の凝集性」があげられ、対人スキ

ルの向上や他者に対する認知の歪みの修正などの介入が必要だとされている。

　過剰適応に影響を及ぼす要因と、過剰適応が影響を及ぼす要因のそれぞれを支援するために、学校教育において過剰適応にならないための支援、過剰適応を軽減させ、支えることが必要である。

　内的適応については子どもたちが自分らしさを培うために、承認欲求を満たし自尊感情を高め、自分らしさを取り戻す実践が必要であると考えている。内的適応への手立てについては、教職員の生徒への関わり方が重要である。「先生」という高い目線から生徒と関わるのではなく、教職員からの挨拶や、担任による毎日の呼び名など生徒の存在を認める関わりを大切にすることが重要である。

　外的適応については外的な要因に負けない内的適応の高まりと、外的な要因とのつき合い方を身につけるために、集団アイデンティティや対人スキルを高め、社会適応能力を培う必要があると考えている。外的適応への手立てとしては、教育活動全般において、他者と関わることのよさが実感できる取り組みと、並行してソーシャルスキルや学級への所属感を高められるような実践が効果的である。

（3）過剰適応とストレスマネジメント

　過剰適応調査の結果を内的適応・外的適応に分けて分析すると、外的適応の方が高い数値を示す生徒が多く見られる。特に高い数値を示したのが他者配慮に関する項目であり、外的な過剰適応に課題があることが分かる。その内容を見ると「相手がどんな気持ちかを考えることが多い」「人がしてほしいことは何かと考える」など、社会生活を営む上で決して悪いことではない。

　また、期待に沿う努力の項目においては「期待にこたえなくてはいけないと思う」や、人からよく思われたい欲求の項目の「人から認められたいと思う」という感情も、誰しもが少なからず持っているものだろう。

　だが、それらの感情が強くなりすぎることでストレスを抱え、不適応につながると考える。その感情を高める要因や誘因の１つに、内的な不適応感があるのではないだろうか。内的適応の自己抑制に関する項目の「自分の気持ちをおさえてしまうほうだ」や、自己不全感の「自分のあまり良くないところばかり気になる」「自分の評価はあまりよくないと思う」など、自分に対するネガティブな感情はストレスを生み、増幅させ、外的な適応行動を助長させてしてしまう。

過剰適応という状態にある生徒は、不適応状態にならないために過剰に外的な適応行動をとることにより、内的適応と外的適応のアンバランスさの中で辛うじてバランスをとりながら、自分の内面（内的適応）と環境（外的適応）との折り合いのつけ方を身につけている過程であると、とらえることができるのではないだろうか。

　そう考えると学校教育において求められる支援は、過剰適応にならないための支援や、その軽減や影響を抑制するといった支援だけではなく、過剰適応状態の生徒をどのように支え、生徒の成長に結びつけるかということが最も重要な課題になる。

　過剰適応状態にある生徒たちを支える手法として、生徒自らのストレスをコントロールする方法を身につけることを目的としたストレスマネジメント教育は有効な手立てであると考える。

第2節 ストレスマネジメント教育の実践

1　ストレスマネジメント教育で育む資質能力

　文部科学省（2013）は、「ストレスマネジメント教育」によって、ストレスについての正しい知識や対処方法を身につけさせ、セルフケアができる力を育てることは、困難な状況を乗り越える「生きる力」を育てる学校教育本来の目標と一致する活動であるとしている。

　さらに、中学校保健体育科・保健分野の目標は、個人生活における健康・安全に関する理解を通して、生涯を通じて自らの健康を適切に管理し、改善していく資質や能力を育てることであるとしている。

　ストレスマネジメント教育によって、ストレスに対して適切なセルフケアを行なう力と、自らの心身の健康を適切に管理する力を生涯を通じて育むことは、ストレス時代に不可欠な教育課題であろう。

2　保健体育科・保健分野へのストレスマネジメントの位置づけ

（1）１学年への位置づけ

　ストレスマネジメントはさまざまな教育活動において実践する必要があるが、その要となるのが保健体育科・保健分野である。中学校保健体育科・保健分野の目標は、個人生活における健康・安全に関する理解を通して、生涯を通じて自らの健康を適切に管理し、改善していく資質や能力を育てることである。

　中学１年生で扱う内容として精神と身体は、相互に影響を与え、関わっていることや心と体の関わり、欲求やストレスへの対処と心の健康に整理され、欲求やストレスは、心身に影響を与えることがあること、また、心の健康を保つには、欲求やストレスに適切に対処する必要があることとされている。

　これまでの中学校保健体育科・保健分野の学習指導要領では、「欲求やストレスへの対処と心の健康において、ストレスへの適切な対処について、自分に合った対処法を身につけることが大切であることが理解できるようにする」とされていた。

　平成29年に改定された『新学習指導要領』では、欲求やストレスとその対処において、「自分や周囲の状況に応じた対処の仕方を選ぶことが大切であることを理解できるようにする」だけでなく、「リラクセーションの方法などを取り上げ、ストレスによる心身の負担を軽くするような対処の方法ができるようにする」とされている。

　これらを踏まえ、特にストレスが高いと考えられる中学１年生に対しては、ストレスへの理解と、心と身体の関わり、チェックリストを用いて自分のストレス対処行動を客観的に評価し、自己理解することや他者との交流を通じて望ましいストレス対処行動を知ることができることを重要視し、リラクセーションを体験することでその良さを実感することができるようにした。特に、援助要請行動の必要性とリラクセーションを身につけることに着目し、３時間の授業実践を行なった。

（2） 2学年への位置づけ

　2学年では、心の健康に関する学習事項が含まれていないため、傷害の防止という単元の中の自然災害について扱う中に、心理的支援という形でストレスマネジメント教育を位置づけた。

　災害について扱う傷害の防止という単元では、心理的支援については言及されていないが、頻発する自然災害による被害が他人事ではなく、自分の身にも起こる事が想定されるため、自然災害時の心理的支援の学習を通して、日常生活にも非常時に対処できる知識や技能を習得することを目標にした。

　しかし、唐突に災害時の心理的支援を扱ったのでは実践意欲に結びつかないため、その前段階で災害の恐ろしさやそれによって起こる被災状況を具体的に想定させることで、心理的支援の必要性の認識を高め、ストレスマネジメント教育につなげた。

　中学生という発達段階において人が人を支援するというソーシャルサポートの体験を大事にしたいと考え、
　①災害時の心理的状況とそのケアを行なうことの重要性を理解すること
　②支援者として心理的支援を行なうことを通して心のケアの方法を扱うこと
　を課題とした。

　心理的支援の内容としては、サイコロジカル・ファーストエイドを参考に、傾聴と身体に触れるだけの支援を扱うこととした。授業ではペアを組んで、支援者の立場、被災者の立場をロールプレイで交互に体験し、心理的支援を実践形式で学ぶ構成にした。

（3） 3学年への位置づけ

　3学年では、学習指導要領にストレスマネジメント教育への言及がないため、余剰時間にストレスマネジメント教育を位置づけた。ストレスマネジメントを受ける側が主体的にストレスを軽減し、ストレスと上手につき合いながら生活できるようにすることがストレスマネジメントに求められるとされていることから、高校受験という共通課題に生徒が主体的に取り組むことができることを目標にした。受験期のストレスに対して、自分の最大限の力を発揮するためにはどうすれ

ば良いかという具体的場面を想定して授業を行なった。

　生徒の関心を高め、受ける側が主体的になるためには、ストレスマネジメント
に対する必要性の認識が不可欠であり、受験に対するストレスが高いとされる中
学3年生での実施は効果が高くなり、主体要因と環境要因が関わりあって起こっ
ている心身の状態を実感することで、セルフマネジメントに対する主体的な態度
を養うことができると考える。

　また、3年間の保健体育科・保健分野で心身の関わりや疾病の予防について学
習してきたことを発揮する場ともなりうる。さらに、受験前でストレスの高い生
徒のために授業後、放課後に補充時間を設けてリラクセーションができるように
した。

3　ストレスマネジメント教育の実施時期

　保健体育科・保健分野の学習指導要領には具体的なストレス対処方法や内容の
実施時期については明示されておらず、ストレスマネジメント教育の適切な実施
時期は定められていない。また、ストレスマネジメントの授業の実施時期に着目
した実践は見られない。そこで、私たちはストレスマネジメント教育の適切な実
施時期の検討を行なった。

　ストレスマネジメント教育の適切な実施時期を検討するに当たり、子どもの自
殺の事実を深刻に考えていかなければならないだろう。自殺総合対策推進セン
ターの「昭和48年から平成27年における通学適齢期（小学校から高校卒業まで）の
自殺者数に関する分析」によると、直近10年では8月下旬、9月上旬に自殺者が
多いとされている。また、文部科学省の「子供の自殺等の実態分析」によると、
その理由として「家族からのしつけ・叱責」などのほか、「学業不振」「進路に関
する悩み」など学校生活が原因のケースも少なくない。休み明けは生活環境が大
きく変わり、大きなプレッシャーや精神的動揺が生じやすい。

　また、不登校生徒が学校を休みはじめた学年と時期の相関関係については、中
学校のいずれの学年も7月から9月の時期に休みはじめた者が多く、中でも長期
休業明けの9月に最も多くなるとされている。同様に、保健室登校の開始時期に
ついても9月が一番多くなっている。

最近では社会的にも注目されており、8月31日には各テレビ番組やニュースで
も子ども達に向けたメッセージや特集が組まれている。中学校に入学し、環境の
変化や、自身の心身の急激な変化などさまざまな要因や誘因からストレスを抱
え、夏休み明け前後は不登校状態や、自らの尊い命を絶つ生徒が増加する傾向に
ある。

　これらを踏まえ、特に夏休み前後にストレスマネジメント教育を意図的に位置
づけることが望ましいと考えられる。また、3年生ではそれに加え、高校受験と
いうストレッサーから、受験前に実施するのが望ましいと考えられる。

4　ストレスと自律神経

　自律神経には身体を活動的にさせる交感神経と身体をリラックスさせる副交感
神経の2つが存在している。この2つの神経がバランスをとってはじめて健康に
生活できるのだが、不安や緊張が強くストレス状態になると交感神経が優位にな
り心身の不調を来すことも少なくない。

　現代社会は多忙で不安感が高まりやすく、自律神経が乱れやすいと言われ、特
に思春期である中学生の時期は心身が著しく発達する時期であり、起立性調節障
害の増加など自律神経症状が出やすいとされている。

　心身の過緊張状態をコントロールするためには、交感神経系の過剰興奮を抑制
して副交感神経が優位な状態に切り換えるスキルを身につけることが必要とされ
ている。

　リラックス状態になることは、「自己コントロール感覚や能力の獲得や習得」
や「身体的・心理的・社会的側面での自己調整能力の開発」ととらえることがで
きると言われている。

　リラックス状態の効果として、①身体的には筋肉などの過剰な緊張状態を軽減
すること、②心理的には安定した情緒状態を獲得しやすいことなど、心身の両面
に効果を示す。

　ストレスの軽減にはさまざまな方法が存在するが、認知に介入する方法が有効
であるとされている。認知というのは長い年月をかけて性格や思考のくせが作ら
れているため、その改善には即効性に欠けることや介入が必要であるという課題

がある。

中学生が自分自身で実践可能な方法であることを重視した時には、身体に直接働きかけるリラクセーションの手法が中学生の時期にはより適合し、効果的だと考えている。

5　援助要請行動の必要性

子どもたちが抱えた問題の解決方法や相談先を知らないことから、必要な支援を得ることができず、自殺に追い込まれる子どもが少なくない。学校において命や暮らしの危機に直面したとき、誰にどうやって助けを求めればよいか、具体的かつ実践的な方法を学ぶと同時に、つらいときや苦しいときには助けを求めてもよいということを子どもたちが学ぶ教育（SOSの出し方に関する教育）が推進されている。

地域の相談機関や東京都教育委員会のSOSの出し方に関する教育を推進するための指導資料では、保健体育科以外の道徳などの学習指導要領との関連についても例示されている。子どもたちがいざという時に援助要請行動ができる能力を身につけるためには、学級活動や道徳などの場でも、時間を設けることが必要だろう。

子どもたちの相談行動を抑制する要因として社会的コンピテンス（適応能力）の不足があるとの指摘もある。子どもたちが主体的に相談行動を行なえるようになるためには、ソーシャルサポートの質の向上が必要で、援助要請の意欲や態度を養うこととともに、「相談」の意義や効果を実感させることが不可欠だろう。

6　自然災害と心のケア

近年、日本全国で起こっている自然災害という非日常の状況に対処するためにストレスマネジメントや心のケアに注目が集まっている。

平成7年に起きた阪神・淡路大震災以降、自然災害を発端とする外傷後ストレス障害（PTSD）とされる症状の懸念から、子どもの心のケアについて注目されるようになった。

災害や事件・事故発生時における子どもの心のケアをする体制づくり、危機発生時における健康観察のシステムが提案されるようになった。その後も、東日本大震災、熊本地震、北海道胆振東部地震による大災害、台風による関東地方の重大な被害など、大規模な自然災害が相次いでいる。今までより一層、自然災害に対する防災教育やそれに関わる子どもの心のケアへの必要性が高まっている。

学校防災のための参考資料「『生きる力』を育む防災教育の展開」では、中学校段階における防災教育の目標は、「日常の備えや的確な判断のもと主体的に行動するとともに、地域の防災活動や災害時の助け合いの大切さを理解し、すすんで活動できる生徒」とされている。

さらに3つの具体的目標の1つ「社会貢献、支援者の基盤」として、「地域の防災や災害時の助け合いの重要性を理解し、主体的に活動に参加する」と位置づけられている。このように、防災教育では災害の知識だけでなく、支援者としての役割も学ぶことが求められている。

以上のことから、災害に関する学習では、通常の知識だけではなく、災害時の子どもの心のケアに一層力を入れることや、支援者としての役割も学ぶことが求められている。

第3節 教師がストレスマネジメントを学ぶ意義

1 教師自身のストレスマネジメントの必要性

教師がストレスマネジメントを学ぶには2つの意義がある。

1つ目は児童生徒が自分自身でストレスをコントロールし、健やかに成長するために、さまざまな教育活動においてストレスマネジメント教育を行なうためである。

2つ目は教員が自分自身のストレスを緩和するためである。子どもを支援する私たち教育関係者こそがいつでも子どもを受け入れる心と身体の状態にしておく必要があると考える。

文部科学省の「教職員のメンタルヘルス対策について 最終まとめ」(2013)に

よると、精神疾患による教員の病気休職者数は依然として高水準で深刻な状況であり、在職者に占める割合は平成13年から平成23年にかけての10年間で約2倍に増加したとされている。

　学校教育は、教職員と児童生徒との人格的な触れ合いを通じて行なわれるため、教職員が心身ともに健康で教育に携わることが重要とした上で、教職員本人の「セルフケア」の促進が求められている。リラクセーションは、健康的な人にとってはヘルス・プロモーションの方法として、健康障害を持つ人にとっては回復の促進や治療方法の1つとして、さらには治療などに伴う不安や苦痛の軽減などにも効果を持つとされている。

　教育に携わる教師自身がセルフケアするため、そしてその効果を子どもたちに還元するため、教師がストレスマネジメントを学ぶ意義は大きい。

2　教師の認知度の低さ

　「保健」の授業における「心の健康」に関する先行研究によると、課題は、授業内容に対する生徒の関心の低さ、教諭のストレスマネジメント教育に対する実施への意識の低さにあると指摘している。特に教師による「リラクセーション技法」の実施率は低く、その要因として教師の認知度の低さと、講習会およびセミナーへの参加率が低いことが挙げられている。

　教諭のストレス対処に関する情報源は「文献などで調べた」が最も多く、「講習会およびセミナーの参加」などは低いことから「リラクセーション技法」の実施率は低いとされている。

　講習会などに参加し、実際に体験することが望ましいが、本書では授業の流れや各リラクセーション技法をワークシート（WS）や写真を多用して、より詳細に紹介した。学校現場で活用されることを期待している。

第2章

教育活動における実践例

保健体育科・保健分野における実践例

1 第 1 学年における実践

(1) 題材

自分のストレスについて考えることを通して自己理解を深めよう。

(2) 題材のねらい

　本題材は保健体育・保健分野に位置づけられている内容である。入学後 3 カ月の時期に実施することで、ストレッサーとストレス反応について、中学校入学時に感じた自分自身の実感と重ね合わせることができるだろう。

　また、生徒が同じ経験を振り返ることで誰もがストレスを感じていたということと同時に、ストレスには個人差があることを共通理解できると考えた。生徒の経験から適度なストレスは自己を成長させるために必要なものであることや、過度なストレスは心身に深刻な影響を与える場合があることなど、ストレスとうまくつき合っていくことの必要性について共有することとした。

　加えて、「ストレス対処尺度」のアンケート調査をもとに自己分析を行なうことで、ストレスの対処を自分事としてとらえさせ、コーピング（ストレス対処法）を体験させた。学校生活で感じるストレスの対処法としての相談とリラクセーションの手法を早い段階で身につけさせることを目的とした。

（3）題材の計画

1	学習目標	・自己を見つめることで自己理解を深め、交流を通して他者理解を深めることができる。 ・ストレスによる心と身体の関わりを理解し、自分と他者のストレス反応の相違点や類似点があることを知ることができる。
	学習活動	○入学した時と最近の心身の状態を振り返る。 ○自分の取扱説明書を作成する（p.24～27「私の取扱説明書」参照）。 ○取扱説明書を用いて自己の心身の状態を他者に説明する。 ○ストレスとは何か考える。 ○ストレッサーがいくつも重なるとストレスと感じる場合や人によってストレスと感じる程度や感じ方、ストレス反応が異なることを理解する。
2	学習目標	・適度なストレスは自己を成長させるためには必要なものだが過度なストレスは心身に深刻な影響を与える場合があることやストレスとうまくつき合っていくことの必要性について理解できる。 ・自分のストレス対処の特徴を分析し、ストレスへの適切な対処方法を知る。
	学習活動	○ストレスの必要性について考える。 ○ストレス対処を身につけてストレスとうまくつき合っていくことの必要性を理解する。 ○自分のコーピングの方法について他者に説明する。 ○自分に合ったコーピングを見つける。
3	学習目標	・リラクセーションの体験により、自分自身の心身の状態の変化を体感し、自分で自分のストレスに対処することの重要性を理解できる。
	学習活動	○リラクセーション技法の実施。 ・セルフリラクセーション ・ペアでのリラクセーション ・漸進性弛緩法 ・呼吸法

（4）題材の授業案

1）1時間目

① 本時の目標

・自己を見つめることで自己理解を深め、交流を通して他者理解を深めることができる。

・ストレスによる心と身体の関わりを理解し、自分と他者のストレス反応の相違点や類似点があることを知ることができる。

② 本時の展開

主な学習活動	教師の働きかけ	備考
1　入学してから今までの心と身体の状態を振り返る。	・入学したときと今の心と身体の状態はどうだったか。 ・他にもこんな状態がある。 心：いらいら・不安・緊張・無気力 身体：頭痛・腹痛・吐き気・ふるえ・疲れ・食欲ない・眠れない	黒板掲示 発表
2　自分自身を見つめ、トリセツを記入する。	・トリセツは自分自身のことを見つめるためのものです。トリセツを記入しよう。	ＷＳ ＊p.25～28 参照
3　グループ内で発表する。	・1番のみグループ内で発表しよう。	
4　全体で発表する。	・1番にどんなことがでてきたか発表しよう。 ・いま発表してくれたことは何に関わることだろうか。	観察
5　ストレスとは何か自分の考えを発表する。	・ストレスとはなんだろう。 ・ストレスは、ストレッサーとストレス反応に分けることができます。ストレスは荷物を持った状態に例えることができる。 ・1つのストレッサーではストレスと感じないが、いくつも重なるとストレスになる。	発表

（株）

取扱説明書

製品名（氏名）　　　_____

型番　　　　　　　_____

製造年月日（誕生日）_____　年　　　月　　　日

もくじ

1　安全上のご注意
2　お手入れ
3　仕様
4　基本説明
5　よくある質問・アフターサービス

このたびは本製品をお買い上げいただきまことにありがとうございます。本製品は大変デリケートですので、この取扱説明書をよくお読みになり、大切に、正しくご使用ください。

1　安全上のご注意

入学したときの心の状態・身体の状態

心	身体

最近の心の状態・身体の状態

心	身体

いらいらしたり怒った時はこうなってしまいます。

力がわいてこなかったり、集中できない時はこうなってしまいます。

悲しい時や落ち込んでいる時はこうなってしまいます。

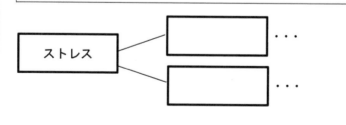

2 お手入れ

いらいらしたり怒った時、私はこうしています／こうしてほしい。

自分	周りの人

力がわいてこなかったり、集中できない時私はこうしています／こうしてほしい。

自分	周りの人

悲しい時や落ち込んでいる時、私はこうしています／こうしてほしい。

自分	周りの人

・・・

3 仕様

わたしは・・・な人です。

4 基本説明

※自由に記入してください。

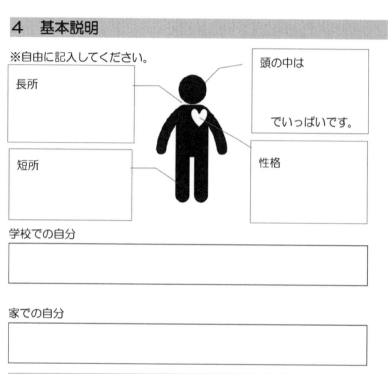

長所

短所

頭の中は

でいっぱいです。

性格

学校での自分

家での自分

5 よくある質問 アフターサービス

Q. もし、本当に本当に困ったときはどうしたら良いですか？
A. いま現在、自分の近くにいる友達や大人に相談してみましょう。相談できる、ということは1つの強みです。また、あなたの家族はあなたの一番の理解者であり味方です。そして、学級の仲間や先生も、いつでもあなたの味方です。誰にも相談できないと思ってしまったら、フリーダイヤルの相談窓口でも良いです。必ず誰かに相談してみてください。あなたはひとりじゃないよ。

2) 2時間目

① 本時の目標

・適度なストレスは自己を成長させるためには必要なものだが、過度なストレスは心身に深刻な影響を与える場合があることや、ストレスとうまくつき合っていくことの必要性について理解できる。

・自分のストレス対処の特徴を分析し、ストレスへの適切な対処方法を知る。

② 本時の展開

主な学習活動	教師の働きかけ	備考
1　ストレスの必要性について理解する。	・ストレスはないほうが良いだろうか。 ・ストレスがありすぎるとどうなるのだろう。 ・適度なストレスは心身を成長させるが、過度なストレスは心身に悪影響を及ぼすことがあるため、ストレスに適切に対処することが必要です。 ・ストレスに対処したり、自分を楽にすることをコーピングと言います。	発表
2　自分のコーピングを発表する。	・あなたのコーピングはなんですか。 ・音楽を聴く　・走る　・寝る　・ゲーム ・ユーチューブ　・歌う	発表
3　ストレス対処チェックの結果から、自分のコーピングの特徴について分析する。	・自分のストレス対処チェックにはどんな特徴がありますか。 ・自分の数値の理由やそのコーピングの良さや自分がしていない理由を記入しよう。 ・相談すると気持ちが楽になる ・相談する相手がいない ・問題解決したらストレスが無くなるから良い ・解決できない問題もある ・リラックスすると心が落ち着く ・リラックス方法がわからない	WS ＊p.31参照

4 グループ内で発表する。	・グループ内でそれぞれのコーピングの特徴や効果について、交流しよう。	観察
5 全体で発表する。	・グループで出てきたことを発表してください。(相談・問題に対処・リラックス)	発表
6 相談相手や相談できそうな相手を思い浮かべる。	・心の中で相談する相手を思い浮かべてみましょう。今相談していなくても、あなたを助けてくれそうな人、この人なら話を聞いてくれるかもしれないという人を思い浮かべてみてください。その人は、あなたが苦しい時に必ず助けてくれる人であることを忘れないで下さい。	
7 振り返りを記入する。	・この時間を通して、コーピングに対する思いや感じたことを振り返りに記入してください。	WS ＊p.31参照

③　ワークシート・資料

■保健ワークシート

1年　　組　名前 ＿＿＿＿＿＿＿＿＿＿

◎自分のストレス対処の特徴を知ろう。

コーピング	点数	このコーピングをしている 理由・感想や効果	このコーピングを していない理由
相談			
問題に対処			
リラックス			
気持ち 押し込め			
傷つけ発散			

◎振り返り（感じたこと・考えたこと）

3） 3時間目

① 本時の目標

・リラクセーションの体験により、自分自身の心身の状態の変化を体感し、自分で自分のストレスに対処することの重要性を理解できる。

② 本時の展開

主な学習活動	教師の働きかけ	備考
1　リラックスについて知る。	・リラックスってどういう状態だろう。 ・くつろいでいる感じ ・体の力が抜けている ・気持ちが落ち着いている 　（緊張の反対語） ・どんな時にリラックスが必要だろう。 ・緊張している時 ・ストレスがたまっている時 ・試合の前　・テストの前 ・眠れない時	
2　セルフリラクセーション（肩のイメージ動作法）を行なう。	・今日は、どこでもでき、何も使わなくてもできるリラックス方法を行ないます。 ・まずは1人でどこでもできるリラクセーションです。	＊p.76, 77参照
3　椅子に座って呼吸法を行なう。	・セルフリラクセーションを体験してみよう。 ・次に呼吸法を行ないます。呼吸法は教室でもできるので、今日一番覚えて欲しい方法です。	＊p.73, 74参照
4　絆のワーク（肩に手を当てる）を行なう。	・次はペアでのリラクセーションを体験してみよう。	＊p.78〜81参照
5　漸進性弛緩法を行なう。	・好きな場所にバスタオルを敷いて、仰向けに横になってください。 ・漸進性弛緩法を体験しよう。	＊p.74〜76参照

6　マインドフルネス 　　ボディスキャン瞑想を 　　行なう。	・横になったまま、ボディスキャンという全 　身へ意識を向けることを行ないます。指示 　に従って、身体へ意識を向けてください。	＊p.82, 83 　参照
7　呼吸法を行なう。	・このまま呼吸法に入ります。	＊p.73, 74 　参照
8　覚醒動作を行なう。	・覚醒動作をします。 ・体の力を抜くことで、心が楽になることを 　知って欲しいと思います。そうすることで、 　また次へと頑張れる力が湧いてきます。	

③　ワークシート・資料

具体的な方法として、リラクセーション技法を実施する。（p.71〜参照）

（5）題材を終えて

1）コーピングの自己分析について

　コーピングの自己分析（p.31参照）を班や全体に公開して、他者の経験や見方について知ることで、多面的・多角的にコーピングをとらえるように授業を構成した。自分のコーピングの方法や意識を自己分析し、他者のそれと比較することで、さらに自己理解を深めることにつながったと考える。

　自己分析のための資料とするため、授業前に冨永典子「子どものストレス対処チェックリスト（2000）」を行ない、「相談」「問題に対処」「リラックス」「気持ち押し込め」「傷つけ発散」の5項目を点数化した。それぞれ20点満点であり、点数が高いほどコーピングを行なっていることを表している。生徒のストレス対処チェックの結果は図①の通りである。

図①　コーピング得点の分布

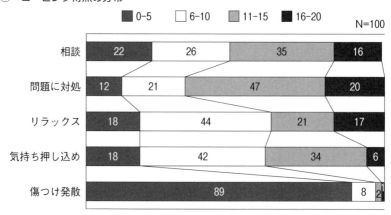

　5つのコーピングのうち、「相談」「問題に対処」「リラックス」は望ましいコーピング、「気持ち押し込め」と「傷つけ発散」は望ましくないコーピングである。

　望ましいコーピングとして挙げている3つのうち、「相談」は点数の偏りは見られず、どのカテゴリーにも一定数の生徒がいた。「問題に対処」は、点数が半分以上の割合が高い。「リラックス」は、点数が半分以下の割合が高く、望まし

いコーピングの３種の中で一番生徒が実践している割合が低いことがわかった。

望ましくないコーピングについては、「傷つけ発散」はほとんど行なっていないが、「気持ち押し込め」については半分より高い点数の生徒が４割という結果となった。

2）援助要請行動について

自分の点数を元に自己分析をしたワークシートからは、「相談」の数値が低い生徒は「気持ち押し込め」が高い傾向が見られた。「相談」の点数が低く、「気持ち押し込め」の点数が高い生徒の記述は表①の通りである。

表① 「相談」の点数が低い生徒の記述と「気持ち押し込め」の点数が高い生徒の自己分析の記述

相談	・自分の苦しいこと、辛いことを相手にも感じさせたくない。 ・周りに迷惑をかけると思ったから。 ・話をする相手がいない。 ・長い話をする時間がない。 ・あまり人に話したくない。 ・相手が自分のために時間を使って欲しくないから。 ・ストレスがあるときはあまり何もしたくないから。	
気持ち押し込め	・人に迷惑をかけられないから。 ・相手を心配させないため。 ・自分の弱いところを見せたくない。 ・相手にも自分の辛さを感じさせたくないから、辛いことを押し込んで忘れる。 ・心配されたくないから。 ・気持ちを押し込める以外無いから。 ・気持ちを押し込めないと人に当たるかもしれないから。 ・時には自分の気持ちを押し込めないといけないこともある。	

このように、「相談」の点数が低い生徒と、「気持ち押し込め」の点数が高い生徒の記述内容には類似した傾向が見られた。どちらの記述も共通して、自分よりも相手のことを尊重しようとする心情を持っている生徒であることが表れていた。これらの生徒が、自己分析内容の交流において、「相談」を行なっている生徒がどんな効果や気持ちになっているのかに触れた後の授業の振り返りには、表②のような記述が見られた。

今後、自分で実践しようとする意欲・態度が培われているのが読み取ることができ、自己分析をした上で他者と交流したことにより、意識が変化していることがワークシートよりわかった。

表② 相談の点数が低く、気持ち押し込めの点数が高かった生徒の振り返りの記述

・少し自分でためこみすぎだと感じました。相談したり、リラックスすることで、整理できたり、頑張ることができるという意見を聞いて、これからの自分のために意識していきたいと思いました。
・自分は今まで気持ちを押し込んでいることが多かったけど、相談やリラックスが大事だと思った。これからは、良いコーピングをして、自分を少し楽にして生活したい。
・この授業を通して誰かに相談することや、リラックスすることは、コーピングの中でとても良い方法だと思いました。これらをすることで心も体も落ち着かせることができるのかもしれないので、ストレスを感じた時はぜひやってみようと思いました。
・私は気持ちを押し込めていたからもっと周りの人に相談したりリラックスしたいと思った。これからも前向きに問題を解決したいし、ものには当たらないようにしたい。

また、授業において「相談」を取り扱う際には自ら SOS を出すことのみに着目しており、「相談を受ける側」の立場には触れていなかったが、生徒の振り返りには複数、表③のような記述が見られた。自ら相談することができる生徒が、相談することができない生徒の意見を聞き、「相談を受ける側」の立場についても考えを巡らせていたことが散見された。

表③ 相談を受ける側についての記述

・相談したい人がいたら自ら相談する。相談を聞くときも、自分のことのようにしっかり聞いてあげたい。
・みんなそれぞれ発散の仕方も違うし、相談できる人が居ない人がいるかもしれないので、そんな時気軽に相談できる人になりたいと思う。
・困っている人たちへの気配りに生かして互いにストレスを少なくすることが良いことを考えることができた。
・色々な人に相談したり、もしされても、その人のために相談をたくさん聞いたりしていきたい。
・相談は、することも大事だけれど、乗ってあげることも大事だと思うから、大切にしていきたい。
・自分のコーピング方法であまりやってはいけない方法をしていたので、何かつらいことがあった時、友達でも親でも誰でもいいので、相談したりリラックスをしたりしてストレスを軽くしていきたいです。他人を心配することも大事だと思った。

点数が高い生徒は交流により相談できない人の抱える気持ちを汲み取り、相談を受けてあげたいとの思いを強めたことがうかがえる。また、点数が低い生徒の一部にも同様の記述をしている生徒がいた。このような生徒は自分が相談できなくて苦しいから、自分と同じような気持ちになる人を救いたいという気持ちがあるのではないだろうか。

　交流により「相談を受ける側」についても思考を巡らせた生徒が複数いることから、コーピングで「相談」を取り上げる際には相談する側だけでなく、受ける側の両面について扱うことで、より相談の効果や重要性、相談相手についてなど、多面的・多角的に深めることができるのではないかと考えられる。

　良い効果が得られた一方で、「相談」の点数が低い生徒のうち少数は、表④のように交流後も相談行動の実践に向かう態度の醸成まで到達できなかったことがわかった。自殺予防の観点からも、SOS の出し方を知るということは、生徒一人ひとりの人生において非常に重要な意味を持つため、義務教育段階において習得すべき資質能力であると考えられる。

表④　相談の点数が低い生徒の一部の記述

・自分にはあまり相談は向いていないので、定期的にリラックスをしたりするのが良いと思った。でも、相手に相談できるようにしたい。
・気持ち押し込めはダメなことはわかっているんだけど、クセがついて、やってしまう。でも、やっぱり相談は少しためらってしまうから、心を落ち着かせるリラックスをこれから実践していきたいと思った。

　今回のように「相談」の重要性や良さは伝わっても、それを実行しようとするのにハードルがある生徒が少なからず存在するが、たとえ少数であってもこのような生徒こそ支援が必要であり、援助要請行動が実行できるようになるための対策を講じていかなければならない。

3）リラクセーションについて

　「リラックス」においては、自己分析の点数が半分より低い点数の生徒が6割と、望ましいコーピングの中で一番低い実施率となっていた。さらに詳しい自己分析の内容からは、表⑤にあるように、リラックス方法がわからない生徒や上手くできない生徒が多数いることがわかった。

表⑤　リラックスの数値が低い生徒の自己分析の記述

・リラックスをする時間がない。
・常に力を入れてしまう。
・本当に気を抜いていいのか不安。
・怒っているとしようとしてもできない。
・深く考えてしまいリラックスできない。
・リラックス方法がわからない。
・体は落ち着くけど心まで落ち着かせることができない。
・リラックスするよりストレスと向き合った方が良いと思う。
・プラスに考えすぎて反省しなくなってしまうのはだめだと思う。

　このことから、「リラックス」については具体的なリラクセーション技法の実践から心身が楽になる状態を体感することが、今後の生徒のコーピングの実践につながると考えた。前時の振り返りからは、表⑥のような記述が見られ、「リラックス」の点数が低い生徒の実践意欲の高まりがうかがえた。

表⑥　リラックスの意欲が見られる記述

・リラックス方法がわからないから、次回の授業で知ってみたいし学びたいと思いました。
・友達からの意見で、リラックスの仕方がわからない、という意見に共感できました。
・リラックスはだいたいが家でのことなので、その他でもやれることは何かないかと思った。
・リラックスするという事だけでも自分の気持ちというのはとても落ち着くんじゃないのかなと思った。

　さらに、表④のように「相談」が苦手で、実践に踏みとどまってしまう生徒についても、「リラックス」に対しては意欲的であることがわかった。このように、「リラックス」は援助要請に課題を抱えている生徒にも取り組みやすいコーピングである。
　本実践ではさまざまあるリラクセーション技法の中でも、「いつでもどこでも誰にでも実践可能なリラクセーション」に焦点を当て実践した。実践後には、それぞれのリラクセーション技法について「リラックス効果を感じたか」について３段階の自己評価アンケートを実施した。アンケート結果は表⑦の通りである。
　すべてのリラクセーション技法においてリラックス効果をすごく感じた生徒が

7割以上、少し感じた生徒も合わせると9割以上の生徒がリラックス効果を感じていることがわかる。「1時間を通してリラックスできたか」の問いに関しては、99%の生徒がリラックス効果を感じていることがわかり、目的としていたリラックスの体感が達成された。

表⑦　リラクセーションの自己評価

項目	効果を感じなかった	効果を少し感じた	効果をすごく感じた
セルフ肩上げ	3％	26％	71％
座位呼吸法	5％	19％	76％
ペアワーク	2％	23％	75％
漸進性弛緩法	1％	23％	76％
ボディスキャン	8％	21％	71％
臥位呼吸法	3％	10％	87％
1時間を通して リラックスできた	1％	7％	92％

＊参加人数が100名のため、割合と人数は同値である。

4）授業実践後の生徒の変化について

　この授業は養護教諭が行なったため、実践後、複数の1学年の生徒が保健室へ相談に来た。援助を自ら求められる生徒がいる一方で、人に助けを求められないために苦しさを抱えている生徒が少なからずいた。自分では乗り越えられないほど苦しい時にSOSが出せる生徒を育てていく必要がある。

　その点からも、生徒たちが相談の重要性を理解することや、保健室や養護教諭が相談しても良い場や人であることを生徒たちに認識してもらうためにも、ストレスマネジメントの授業を養護教諭が行なうことの重要性を実感した。

　また、学級担任との連携も重要であろう。生徒自身が必要時に記入し、相談したい教師に渡す「教育相談カード」を1学年の学級担任が全員に配布した。生徒たちが困った時に気軽に相談に行ける、SOSを出せる環境づくり、教育活動全般を通した生徒たちの「援助要請行動」を促進するための環境づくり、教師の取り組みが不可欠になる。

2 第2学年における実践

（1）題材

災害に対する備えと被災者に対する支援者としての関わりを考えよう。

（2）題材のねらい

本題材では、震災を取り上げ、被災後の生活をイメージすることを通して、ど
のような備えや支援が求められるのかを想起させた。生徒は地震を経験していて
も、避難するなどの生活に影響が出るような経験がないため、災害に対する備え
を考えるに当たり、現実的な備えを考えることが困難であろう。

災害発生から時系列に起こる出来事について具体的に想定させることを重要視
して、班ごとにＸチャート（44ページ掲載）と付箋を用いてブレーンストーミ
ングを行なうことで、被災地や被災者の状況、そこで必要な具体的な支援を想定
しやすくした。

また、実際に被災したひとりの少女を取り上げ、その少女のために自分に何が
できるのかを考えることで、支援者としての立場から震災をとらえさせることと
した。特に傾聴と触れるケアに注目し、ノンバーバルな関わりや、身体から心に
働きかけることに重点を置いて実践することとした。

（3）題材の計画

1	学習目標	・自然災害発生時から、復興までの状況を時系列に想定することができる。
	学習活動	・身近に起きた災害や今後予想される災害について発表することができる。 ・被災後起きることを想定することができる。 ・被害や困ることから対応策を調査する。

2	学習目標	・自然災害から身を守るために日ごろからどう備えるかについて理解する。 ・震災時の想定を踏まえ、準備するものと知識と意識の3つの面から災害の備えについて具体的に考えることができる。
	学習活動	・災害時の対応策を交流する。 ・避難時の持って行くものを考える。 ・災害に対する備えや復興に向けた考え方について理解する。 ・自らの命を守るための考え方について理解する。
3	学習目標	・自然災害時の心身のストレス状態やストレスを緩和させる必要性を理解する。 ・心理的支援について相互の役割体験することを通じてその効果を体感することができる。
	学習活動	・避難所での生活を想起する。 ・資料の少女に対する心理的支援について考える。 ・傾聴と触れるケアの考え方や方法を理解し、実践する。

（4）題材の授業案

1） 1時間目

① 本時の目標

・自然災害発生時から、復興までの状況を時系列に想定することができる。

② 本時の展開

主な学習活動	教師の働きかけ	備考
1　最近身近にあった災害について発表する。	・2011年年3月11日何がありましたか。 →東日本大震災 ・他に知っている自然災害はなんですか。 ・地震　・津波　・台風　・火災 ・洪水　・雷　・竜巻　など ・災害は一次災害と二次災害に分けることができます。 例えば地震→津波・土砂崩れ・火災・液状化現象	発表

2　今後起こることが予想されている災害について発表する。	・政府の調査研究本部より発表された日本で今後起こることが予想されている災害はなんでしょうか。また、どういった予想でしたか。 ・今回の北海道地震で、何かこまったことはありませんか。 ・私たちが住んでいる場所でも、近い将来東日本大震災のような巨大地震が起こるかもしれません。	地震調査研究推進本部HP参照
3　震災後に起こることを具体的に想定する。	□2月△日　深夜1時30分釧路沖で震度7マグニチュード9.5の地震発生 ・どんなことが想定されますか。 →津波、火災 ・自分の家の海抜を知っていますか。また、学校の高さや、避難所の場所は知っていますか。 ・ハザードマップで確認してみましょう。 □津波の心配はありません。 ・まず、みんなで震災発生直後の身の回りの状況を想定してみましょう。起こる被害や困ることを付箋に記入してXチャートに貼りましょう。 ・付箋を班で分類し、グルーピングしましょう。	緊急地震速報① 緊急地震速報② 付箋 Xチャート配布 ＊p.44掲載
4　被害や困ることから対応策を調査する。	・被害や困ることにたいして何が必要でしょうか。自宅で行なっている防災対策を調べてきてください。	

被災直後

被災1カ月

被災3日

被災1週間

2） 2時間目

① 本時の目標

・自然災害から身を守るために日ごろからどう備えるかについて理解する。

・震災時の想定を踏まえ、準備するものと知識と意識の3つの面から災害の備え
　について具体的に考えることができる。

② 本時の展開

主な学習活動	教師の働きかけ	備考
1　前時の震災時の想定を交流する。	・前回の想定ではみなさんからこのようなことがでていました。各班のXチャートを比較してみましょう。 ・この想定をふまえて具体的な備えを時系列で考えてみましょう。 （家具固定の図提示）	各班のXチャート配付
2　避難時に持っていくものを考えWSに記入する。	・避難する時に持っていくものは何でしょうか。 　→防災リュック ・防災リュックの中身について、班で検討しましょう。 ・「防災グッズ」は一次避難用品（命を守るために必要なもの）と二次避難用品（生き続けるために必要なもの）に分けて考えることができます。	WS配付 ＊p.47参照
3　被災後情報を得る手段について考える。	・防災リュック以外で自分の家に足りないものを班で話し合いながら探してください。	WS記入 参考資料配付
4　備えや復興に向けた考え方について理解することができる。	・情報はどのように入手すればよいでしょうか。 ・災害用伝言ダイヤル171や災害用伝言板WEB171もあります。また、各携帯会社にもあります。 ・みんなが想定してくれたものは、3つに分類することができます。 →　自分　地域　国	

5　自らの命を守るための考え方について理解することができる。	・災害による被害をできるだけ少なくするためには、一人ひとりが自ら取り組む「自助」、地域や身近にいる人同士が助け合って取り組む「共助」、国や地方公共団体などが取り組む「公助」が重要だと言われています。その中でも基本となるのは「自助」、一人ひとりが自分の身の安全を守ることです。だんだん被災から時間が経つにつれて、自助→共助→公助へと比率が大きくなっていきます。 ・自助で一番大事なことは何だと思いますか。 →命を守ることです。 ・「つなみてんでんこ」という言葉を知っていますか。どのような意味だと思いますか。 →東北地方に伝わる合言葉で津波がきたら各自ばらばらに逃げろという意味です。地域に根づいているからこそ、釜石市という大きな被害を受けた地域でも、逃げるのがすごく早くて助かったという「釜石の奇跡」と呼ばれています。 ・どれだけ準備しても、「意識」が足りないと、命を守ることができません。今回した想定は、現実になってほしくないけど現実になる確率が高いことを忘れないでください。 ・このように「備え」には「準備する物」と「知識」と「意識」が必要です。 ・精神的なケアと備えについては次回行ないます。

③　ワークシート・資料

我が家に必要な備えをしよう。

震災により起こることの想定：二次災害（津波・火事・土砂崩れなど）・避難警報や大津波警報の発令余震・停電・断水・交通機関麻痺・交通事故・犯罪・医療機関が混雑

	被害や困ることの想定 （精神面以外）	我が家に 足りない備え	防災リュックの 中身リスト
被災直後	・たんすや棚などが倒れてくる・ガラスが散らばっている・ドアが開かず家から出られない・避難する・携帯が使えない・電話回線が混雑・けが・家族の安否や連絡		
被災3日	・水が出ない・電気がない・暖房がつかない・明かりが無い・食べ物がない・店から物がなくなる・情報が入ってこない・誤った情報・お風呂に入れない・家族と連絡が取れない・信号がつかない・トイレが使えない		
被災1週間	・水が出ない・電気がない・暖房がつかない・明かりが無い・水や食べ物がなくなる・携帯の充電がなくなる・情報が入ってこない・誤った情報・お風呂に入れない・電池が切れる・生活用品の不足・トイレが使えない・犯罪が増える・体調不良・家族と連絡が取れない		
被災1カ月	・避難所生活・仮設住宅・感染症の流行・食べ物が十分じゃない・眠れない（床が固い・明るい・音）・お風呂に入れない・現金がない・通帳がない・プライバシーがない・トラブルが起きる・衛生面が悪い・体調不良		

3） 3時間目

① 本時の目標

・自然災害時の心身のストレス状態やストレスを緩和させる必要性を理解することができる。

・心理的支援について相互の役割を体験することを通じて、その効果を体感することができる。

② 本時の展開

主な学習活動	教師の働きかけ	備考
1 避難所生活の状況と避難している人の心身の状態を発表する。	・今日は、Xチャートの被災1カ月後の所に多く見られた「被災した時の精神面」について考えていきましょう。 ・避難所の生活はどんな様子でしょうか。 心：いらだち・不安・混乱 身体：疲れ・腹痛 行動：眠れない・泣く ・想定を考えた時に多くの班が1カ月後の所に「余震」と書いてくれていました。胆振東部地震は1カ月間余震289回。東日本大震災の時は864回（そのうち震度4以上が113回）。	これまでの学習を振り返りながら進める 避難所の写真
2 資料から心に傷を負った人の心身の状態を考え発表する。	・不安を抱えながら避難所生活を送っている人の中に、こんな人もいました。実際の東日本大震災1カ月後の4月11日の写真です。 ・地震によってこの人には何が起こったでしょうか。	少女の写真提示 新聞記事配布 ＊p.51参照

48

	・実際の新聞記事の一部抜粋です。 	音読
3　資料の人物に対する心理的援助について考えることができる。	・この人の心・身体・行動（生活の状態）はどのような様子だっただろうか。 心：絶望・悲しみ・生きていくのもつらい 身体：頭痛・腹痛・緊張・震え 行動：眠れない・泣く・食べられない	
4　傾聴の考え方と方法を理解し、実践することができる。	・この人に、何かしてあげられることはないでしょうか。どのような心理的援助が必要でしょうか。 （・誰が・どのようになど掘り下げて聞く） ・励ます　・話を聞いてあげる ・カウンセリング　・精神科医 ・音楽　・そばにいてあげる ・カウンセリングは専門家が行なうものですが、誰でも話を聞いてあげることはできます。 ・傾聴では、相手のありのままを無条件に受け入れるということが基本になります。 ・ペアでやってみましょう。廊下側の人は、「資料の少女」の立場、窓側の人は支援者として話を聞いてあげてください。 ・聞いて貰って、すごく良かったと思った人、感想を教えてください。どこがよかったですか。 ・支援者側の人は何を意識したのですか。 ・表情は穏やか ・声のトーンは落ち着いている ・声の大きさは大きすぎない ・姿勢は前のめり　・目線は相手	20秒ずつ

	（傾聴スキルで足りないもの補う） ・では、意識してもう一度やってみましょう。 ・メッセージの7〜8割は非言語コミュニケーションと言われています。言葉以外にはどんなことから相手の状態が伝わってくるでしょうか。 ・話を聞く方も同じです。「あなたのことを心から思っています」というメッセージは、言葉以外のところから伝わります。 ・みんなが話を聞いてあげたくても、この人が抱えている辛さを話すことができるでしょうか。 ・傾聴は、言葉だけでなく相手の感情を受け止めるものです。	
5　リラクセーションを体感することができる。	・実際に行なわれた被災者の心理的援助を体験してみよう。 ・話せないこともあるとき、身体に働きかける方法です。 ・絆のワークを体験してみましょう。 ・心が苦しくなった時の状態を知って欲しい。どんなに強い人でも、状況によっては誰でも、なることがあります。そんな時は、ひとりではどうにもできないこともあります。 　そんな時、そっと寄り添ってあげられる人になって欲しい。これらは災害のような非日常の強いストレスの時だけでなく、日常のストレスにも有効です。みんなも、ストレスを感じることがあると思います。小さなストレスでも、積もれば大きなストレスになることもあります。人間関係のストレス・テスト前のストレスや緊張・試合前の緊張などにも効果的です。	支援者と被災者に役割分担をする。 ＊p.78参照

■2011年5月15日　朝日新聞デジタル

　東日本大震災から1カ月後の4月11日、津波に流された岩手県陸前高田市の自宅跡に立ち、トランペットを奏でる少女がいた。

　岩手県立大船渡高3年の佐々木さん（17）は、母宜子さん（43）と祖母、叔母、いとこを亡くした。祖父は今も不明。

4月11日、岩手県陸前高田市の自宅跡で、海に向かってZARDの「負けないで」を吹いたあと、祖母が買ってくれたトランペットを抱きしめる佐々木瑠璃さん（17）。この写真が12日付の朝日新聞（東京本社発行）に載った＝森井英二郎撮影

　3月11日午後2時46分。

　佐々木さんは学校で吹奏楽部の練習中だった。教室の天井が落ち、校庭へ逃げた。3時21分、母から携帯電話にメールが届いた。「落ち着いて。あなたはそこにいなさい」

　家族が迎えに来た生徒から下校がはじまった。佐々木さんの自宅は海岸から2キロ近く離れていたから、津波は届かないと信じ切っていた。「お母さん、早く来ないかな」

　体育館で一夜を明かし、翌日の昼過ぎ、親戚が迎えに来た。「家族は」と尋ねると、言葉を濁された。

　親戚宅で待っていたのは、父。自宅2階にいて家ごと流され、窓から投げ出された。流れる畳にしがみつき、がれき伝いに高台へ逃げた。頭と左目は包帯でぐるぐる巻き。ぽつりと言った。「母さんが見つからないんだ」

　市の職員だった母は、避難所となっていた市民会館で被災者の世話をしようとした時、濁流にのまれた。

　「現実を受け入れられなくて」と佐々木さん。空っぽの心で天井を見つめる夜が続いた。3月16日に母の財布、翌17日に遺体が見つかった。布団に潜ると涙が止まらなくなった。

　29日に火葬が終わった。気持ちに区切りをつけるため、母が好きな「負けないで」を遺骨に聴かせようと思い立った。

　4月11日。最近、やっと寝つけるようになった。

（5）題材を終えて

1）災害の具体的な想起

　震災を具体的に想起させる方法として、X チャートと付箋を用いてブレーンストーミングを行ない、時系列で具体的な被災状況を想起させた。生徒の想定から、二次災害や被害状況に関わる内容は被災直後が多く、精神面については直後から 1 カ月にかけて増加していた。生徒は震災直後の直接的な被害が落ち着いてくると精神的な被害に着目しており、避難所生活が続くストレスや知り合いが亡くなった悲しみなどについて思いを寄せていた。精神面の付箋の内容は表⑧の通りである。

表⑧　被災後の時間経過と心理状態の想定

時間	コード	数
直後	焦り 8、状況を理解できない、パニック 11、精神的ストレス 2、不安定 3、恐怖 9、不安 4、ドキドキ	39
3 日後	不安 7、パニック、ストレスによる精神の不安定 2、恐怖、疲労 3、精神崩壊 2、うつ病、眠れない、眠い、怖い 2、被害の大きさが見えてくる、今後への不安、食料・物資に対する不安、家族・友達の心配、疲れ、悲しみ 2	28
1 週間後	いつまで続くかわからない避難所生活、不安 10、恐怖 3、病み期 2、イライラ 4、食欲をなくす、無気力、精神崩壊 3、疲労 7、病い、精神ノイローゼ、家族が心配、老人の精神状態、元の生活に戻れるのか不安、憂鬱、今後の生活への不安 3、気持ち悪い、ストレス 3、焦り 2、不快感、苦痛、悲しい、つらい 4、ストレスを発散する場所がない、健康の不安、友達に会いたい、二次災害への不安	58
1 カ月後	笑顔が減る、精神的ダメージ 3、疲れ 7、精神が不安定になる 5、精神病になる人が増える 2、ストレス 8、1 カ月が長く感じる、少し疲れてくる、幻覚を見る、不安 10、避難所生活のストレス 5、トラブル、生きることへの疲れ、苦痛 6、友達に会えない 2、当たり前への感謝、うつ病 3、不安で眠れない 2、叫ぶ人がいる、ひとりになりたい、自殺願望 3、混乱 2、自殺者が増える 4、死亡者が発覚し悲しい 2、何も考えたくなくなる、発狂 2、無口になる、明日の希望がない 2、ストレスによる犯罪、絶望 3、友達や知り合いへの心配、PTSD、今後への生活の不安 2、悲しみ、危険な精神状態 3、つらい 2、美味しいものが食べたい	94

実際に、被災時の心理状態は時間的経過とともに変化していくとされており、災害直後の茫然自失期を経て、被災者同士が固い絆で結ばれるハネムーン期が訪れ、災害直後の混乱が収まってきた時に幻滅期となる。復旧が進み、生活のめどがたちはじめる頃になると再建期と呼ばれる。

　生徒の記載内容もこの被災者が経験するとされている心の動きと同様のものになっており、生徒は実際に被災していなくとも、被災した時の状況を時間経過とともに考えることにより、心理状態まで具体的に想起することができていた。

　このように、時系列で被災状況を想起することで、防災への意識を高めることにつながった。さらに、精神状態に関する生徒の想定は、報告されている被災者の心理状態の変化と重なったことから、時系列での具体的な想起が、3時間目に実施した被災者への心理的支援の学習効果を高めることにつながったと考える。

2）被災者の心情に寄り添う

　本実践の3時間目の授業で、被災し母を亡くした少女について書かれた被災1カ月後の新聞記事を取り上げ、心理的支援としてできることを考えた。どの学級においても苦しい少女の状況に対し「何かしてあげたいけれど何もできない」「そっとしておいてほしいと思うかもしれない」「がんばれとか大丈夫だよと簡単に言ってはいけないような気がする」という意見が出された。

　実際に、被災後は全国から支援者が集まり支援を行なう中、被災者は経験したことのない精神的苦痛を味わい、混乱した状況の中、語ることができないような心理状態の人も少なくない。生徒の意見は、支援に対して意欲がないのではなく、被災した少女の状況を重く受け止め、心情に思いを馳せることができたと考えられる。支援を押しつけるのではなく、被災者の心情に寄り添い、被災者を尊重した心理的支援の方法を扱うことが重要であると考える。

　近年、災害時の心理的支援として、心理的デブリーフィングが否定され、それに代わるものとして心理的応急処置（サイコロジカル・ファーストエイド）が注目され、さまざまな国際的ガイドラインにおいて推奨されており、日本でも東日本大震災以降多く取り入れられている。

　心理的デブリーフィングとは、災害直後の数日から数週間後に行なわれる急性期介入であり、トラウマ的体験を話すように促し、トラウマ対処の心理教育を行

なうものである。

　一方、サイコロジカル・ファーストエイドは、危機的な出来事に見舞われて、苦しんでいる人の心理的回復を支えるための、人道的、支持的、かつ実際の役に立つさまざまな支援をまとめたものであり、支援者が被災者や犯罪の被害を受けた方などと関わるときどのように声をかけたり、何に気をつけて接したらよいのかなどについて示されているものである。

　サイコロジカル・ファーストエイドでは「話したい人がいればその人の話を聴くが、出来事に対するその人の感情や反応を無理やり話させることはしない」などと支援者の被災者への具体的な関わり方について明記されている。

　このように、「被災者に何もしてあげることはできない」と嘆く生徒が、自ら被災者の心理状態や心理的支援の必要性、そして効果的な心理的支援の在り方について考えるきっかけとなった。

3）授業で扱った心理的支援

　サイコロジカル・ファーストエイドに則（のっと）り、授業においては、少女に対してできる心理的支援として「傾聴」と「触れるケア」の２点に焦点を当てて実施した。理由として、これらは、どちらも無理に話を聴くのではなく、被災者の想いに寄り添う方法だからである。授業においては実践を交えながらそれぞれの支援の意味や効果を感じられるよう授業を構成した。

①　傾聴について

　授業では、ペアになり被災者側は事例として挙げた被災した少女の新聞記事を読み（事実だけを話す）、支援者側は傾聴するという実践を行なった。日本看護科学学会が定める定義では、傾聴とは「相手の感情や思考に沿って、相手の話に耳を傾けること」とされている。

　本実践において、「心で聴く」ために、ノンバーバルコミュニケーションが重要な意味を持つことを強調した。実践後、「支援する側として『傾聴』の意味を感じることができたか」「被災した人側として『傾聴』をしてもらって、『傾聴』のよさを感じることができたか」についてアンケート（四件法を採用）で行なった。結果は図②の通りである。

図② 「傾聴」のよさを感じることができたか

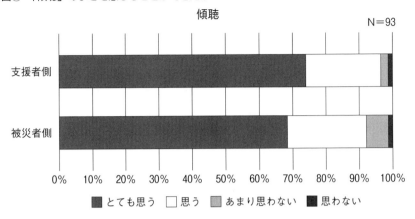

傾聴　　　　　　　　　　　　　　N＝93

凡例：■ とても思う　□ 思う　■ あまり思わない　■ 思わない

　支援者側も被災者側もどちらの立場も結果に差は見られず、両者とも「とても
思う」「思う」のプラスの回答をしている生徒の数は95％以上と高い結果を示し
た。授業後の生徒の自由記述からは、表⑨の効果がみられた。

表⑨　傾聴の生徒の感想

・少し気持ちが楽になる。それとあいづちをしてもらうことによって、「共感してもらえ
　てる」と心の支えにもなる。
・一方的に話しているだけ（あいづちはあったが）なのに、まるで会話しているような
　感覚になった。
・自分の話を聴いてもらっている時にあいづちを打ってくれたり頷いてくれたときに、
　聴いてもらえている感じがした。
・自分が話したことに優しくあいづちをしてくれたので、話していて気持ちが楽になっ
　た気がした。相手がこれ以上悲しむことのないようにと考えながらしていた。
・傾聴をされるとつらい気持ちがだんだんあいづちだけでもあたたかくなってく感覚が
　ありました。
・支援する側でも物資だけでなく、ただ話を聴くだけでも助けになる。被災した側は頷
　いてもらったり目線を合わせて話を聴いてもらうだけでも楽になると思った。
・聴いてもらい、相手の頷きや姿勢など共感してもらっている感じや相手がしっかり聴
　いてくれていることを感じ、安心することができた。
・自分の話を目を見て聴いてくれたり頷いて話を聴いたりしてくれて、心地よかった。
　目を見て聴くことで心に感じることがあった。被災した側として目を見て頷きながら
　話を聴いてもらえたことは、とても安心したし、支援する側として相手の話を聴いて
　安心してもらえたら嬉しいと考えました。

生徒の記述からは、あいづち、頷き、目線など、ノンバーバルコミュニケーションの部分と関連させて「共感してもらえている」「気持ちがあたたかくなった」「楽になった」「安心した」「心地よかった」などの感想が多く、生徒に傾聴の良さが伝わっていることがわかった。

　② 触れるケアについて
　授業で用いた被災者への支援の2つ目として、ペアで肩に手を当てるというリラクセーション技法を実践した。触れることは災害支援の場や看護の現場、親子の愛着形成などでも注目されており、その呼び方はタッチング、タッチケア、タクティールケア、絆のワークなどさまざまであることから、山本（2014）の「触れるケア」という言葉を用いて統一することとする。
　山本は「触れるケアは血圧低下、心拍数の低下など副交感神経を優位にする作用があり、対象者が抱えている苦痛や不安などを緩和および軽減することが可能となる」「触れるケアはコミュニケーションが困難な対象者や終末期にある対象者の重要な治療手段になると考える」と述べており、触れるケアは本実践における被災者の心情に寄り添う支援にも同様の効果を示す手段であると考えられる。
　実践後、「支援する側として肩に手を置くことの意味を感じることができたか」「肩に手を置いてもらうことのよさを感じることができたか」アンケート（四件法）を行なったが、結果は図③の通りである。

図③ 「触れるケア」のよさを感じることができたか

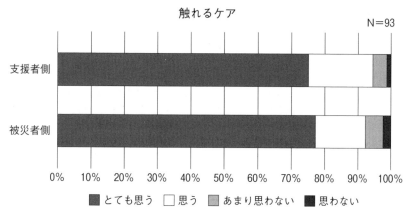

傾聴の結果と同じく、支援者側も被災者側もどちらの立場も結果に差は見られず、両者とも「とても思う」「思う」のプラスの回答をしている生徒の数は95%以上と高い結果を示した。

　しかし、傾聴と比べ、触れるケアについて支援者側と被災者側の両者とも「とても思う」と回答した生徒の割合が高い結果となった。これは、無理やり聞き出すことをしなかったとしても、やはり語ることに抵抗感を示す生徒が多かったこと、そして触れるケアはそのような不安や懸念が全くいらないということが考えられる。授業後の生徒の自由記述からは、表⑩の効果がみられた。

表⑩　触れるケアの生徒の感想

- 肩に手をあてることによって肩から人のぬくもりを感じることができ気持ちが落ち着いた。話さなくても心が通じ合えている気がした。
- 肩に手を当ててもらうととても肩が楽になり、手のあたたかみが感じられた。手の力のすごさというのを感じました。
- 言葉にして伝えるのが難しい、辛い場合に実際に体を通してみることで、あたたかさや安心感が伝わるので、非常に良い方法だと思った。
- 人の手の温かさを感じて「誰かと繋がっている」「ひとりではない」という気持ちになりました。本当にこんなにつらい体験をしてはいないけど、すごく落ち着いた。
- 手を当てている人から応援のメッセージが送られているような気がして、リラックスしました。「相手に伝える」ことを意識することが大切だと感じました。
- 被災した人側の時は、安心した。支援する人側の時は、心の中で「大丈夫だよ」とか「がんばって」と言っているのが伝わっている気がした。
- 言葉じゃない言葉みたいな感じがあって、とてもよかった。
- お互いに体の接点から気持ちや思いが流れるような気がした。

　触れるケア実践後の生徒の記述からは、「手のぬくもり」から、「心が通じ合えている」「安心感」「誰かとつながっている」「応援のメッセージを感じた」「言葉じゃない言葉」「体の接点から気持ちや想いが流れる」などの感想が多かった。生徒は、傾聴と同様ノンバーバルコミュニケーションの部分から触れるケアの効果を感じていたことがわかった。

4）日常とのつながり

　実際にペアで傾聴と触れるケアの実践を終えた生徒の記述からは、傾聴・触れるケアともに災害時の心理的支援を日常生活と結びつけて考えており、被災者と

支援者という疑似体験により、それぞれの立場における効果が得られたものと考えられる（表⑪、⑫）。

表⑪　傾聴と日常とのつながりに関する記述

> ・自分の辛さを他の人に聴いてもらうだけでも心が軽くなるからすごいなと思った。普段他の人の相談を受けている時にも使えそうだなと思った。
> ・傾聴されると気持ちいいなと思ったから、気持ちが沈んでいる人にやってあげたいなと思った。
> ・自分が辛いとき、苦しい時に傾聴してもらったら、心が軽くなるんじゃないかと思った。逆に誰かが辛い時に、ちゃんと話を聴いてあげられるようになりたいと思った。
> ・人に話を聴いてもらえるきっかけを作ることができて、相手が自分の信頼している人だったら安心できるな…と思います。こんな人が近くにいたら、側にいてあげようと思いました。

表⑫　触れるケアと日常とのつながりに関する記述

> ・手を当ててもらっていたとき、今抱えていたものとか悩んでいるものとかを全部出して泣いてしまいたかった。自分が手を当てているときは、相手に向かって心の中で呼びかけや寄り添いがしやすかった。
> ・温かかった。災害でなくて、日常生活でも使っていけるのではないかと思いました。辛いときとかに。
> ・すごく安心できるし、ひとりじゃないんだと思えた。どんな時でも使えるなと思った。
> ・とっても心がほぐれて、とっても泣きそうになりました。こんなことと思うかもしれないけど、人の温もりは人の一番の心のケアになるということをたくさんの人に知ってもらいたいです。
> ・肩に手をあてるだけでこんなに落ち着けるのだと分かったので、この体験を活かせる場面があれば活かしたいと思った。
> ・肩に手を当ててもらうだけで、こんなに落ち着くと思わなかった。
> ・自分がやっている時は意味なんかあるのだろうかと思ったが、やってもらうと安心したので驚いた。
> ・相談にのってもらう時、相手が自分のことをしっかり目を見て聴いてくれていて、優しく頷いてくれるようなところが良いと思ったし、実際本当に心が軽くなりました。

　被災者の体験からは、被災者と現在の自分を重ねたということが考えられる。実際に被災していなくとも、支援者に無条件に受け入れてもらえたという体験が、現在の自分の苦しい思いを楽にすることにつながった。今回の実践で「ただ聴いてもらう」「ただ肩に手を置いてもらう」だけで、そうされることの心地よさや、心が軽くなるということを知るきっかけになったと考える。

支援者の体験からは、支援をすることにより被災者の様子の変化を感じることや助けてあげたいという意欲につながったことが考えられる。日常で友人が悩んでいるときにどうしてあげたら良いかわからないという経験がある生徒が、アドバイスや元気を出させるような積極的な支援ではなく、ただありのままを受け止め、寄り添うということの重要性や効果を理解することにつながった。

　支援者と被災者のどちらの立場からも、中学生という心が揺れ動く時期だからこそ、人間関係において人が人を支えることの意味や、心から他人を思いやることの大切さ、それによりどれだけ救われるか、ということへの良さの実感に結びつく実践になったと考える。

3 第3学年における実践

（1）題材

最大限の力を発揮して、受験を乗り切ろう。

（2）題材のねらい

　中学3年生は、他の学年に比べてストレスの程度が高いと言われ、その中でも受験期の学業ストレッサーは抑うつなどのさまざまなストレス反応を誘発すると言われている。本実践では、受験までの心身の変化を予想し最大限の力を発揮するためには、どのように対処していけばよいかを考えさせた。

　また、試合に臨むスポーツ選手の様子から、緊張状態とリラックスの間にある理想の心理状態をつくるために、どのような方法を用いているのかに気づかせ、呼吸法を実践する。そして、さまざまなリラクセーション技法を実施することにより、自分にあったリラクセーションを行なえるように題材を計画した。

（3）題材の計画

1	学習目標	・ストレスによる心と身体の関わりを理解し、ストレスとうまくつき合っていくためにはストレスに対処する方法を身につけることが必要であることを理解する。
	学習活動	・受験前から当日の心身の状態を予想する。 ・自律神経の仕組みを知る。 ・最大限の力を発揮するときの心身の状態を考える。 ・呼吸法の実施。
2	学習目標	・リラクセーションの体験により、自分自身の心身の状態の変化を体感し、自分で自分のストレスに対処することの重要性を理解する。
	学習活動	・ストレッチなどの体ほぐし ・ペアリラクセーション ・漸進性弛緩法 ・マインドフルネス ・呼吸法

（4）題材の授業案

1） 1時間目

① 本時の目標

・ストレスによる心と体の関わりを理解し、ストレスとうまくつき合っていくためにはストレスに対処する方法を身につけることが必要であることを理解する。

② 本時の展開

主な学習活動	教師の働きかけ	備考
1　受験を控えた自分の状況を客観視する。	・受験前日、自分の心と身体はどうなっていると思いますか。（受験前日、受験前日夜、受験当日朝、受験会場） 緊張・震え・不安・腹痛など	
2　自律神経の仕組みを知る。	・どうして緊張したり不安になったりするとドキドキしたり震えたりするのだろう。 ・自律神経には交感神経・副交感神経があります。 ・ストレスがかかると心や身体にさまざまな反応が起きることは正常なことです。	
3　受験当日の望ましい心身の状態をイメージする。	・受験当日、どういう状態だと最大限の力を発揮できるのだろう。 図　逆U字理論 	

	リラックス・集中している・ほどよい緊張感 体は元気・ポジティブ	
	・人間が最高のパフォーマンスができる状態はリラックスと緊張の間です。	資料提示
	・いま考えた「最大限の力を発揮できる状態」を意図的に作るにはどうしたらいいのだろう。 →自律神経を整える ・どうすれば自律神経をコントロールすることができるだろう。 →深呼吸・音楽・集中・睡眠	
4 自律神経の仕組みを利用して、リラックスすることができることを知る。	・みなさんは文化祭の合唱の直前や、ピアノの発表会など、みんなの前で発表する直前で緊張している時、何かしていませんか。 ・スポーツ選手の試合の局面の様子を見てみましょう。 ・選手達は何によって自律神経をコントロールしていましたか。 →深呼吸 ・バイタルサインの中で、唯一自分でコントロールできるのが呼吸です。(他、体温、血圧、脈拍、意識) ・今まではなんとなく無意識と意識的の狭間でやっていたと思います。それを今日は意識的にやってみよう。自律神経を整えるために意識して行なう呼吸を呼吸法といいます。	VTR ・体操の演技やサッカーのPK の映像を見る。
5 座位での呼吸法の実施。	・腹式呼吸を行ないます。 ・腹式呼吸をしてみてどうでしたか。 →気持ちが落ち着いた・眠たくなった・身体があたたかくなった	＊p.73, 74 参照 教室を暗くする。

62

主な学習活動	教師の働きかけ	備考
6　気持ちを整えたうえで高めていくことを理解する。	・これは、日常でも行なうことができます。1回目より2回目、2回目より3回目の方がよりリラックス効果が得られます。いまのストレス状態を少しでも軽くするために大変効果的な方法です。 ・今やったことはマイナスを0にするための方法です。 ・より高いパフォーマンスをするためにはどうしたら良いですか。 →気持ちを高める・モチベーションを高める ・気持ちを高めるための方法はどんなものがありますか。 →応援ソングを聴く・手紙を読む・成功している姿をイメージする　など （・隣の人と自分の気持ちを高める方法を交流してみてください。） （・教師の体験談から教師の気持ちを高める方法を紹介する） ・それぞれ自分の気持ちを高める方法を、ぜひ呼吸法で自律神経を整えた後に行なって欲しいと思います。	リラクセーションの音楽をかけながら3分程度実施。 時間があれば生徒同士で交流させる。

2）2時間目

①　本時の目標

・リラクセーションの体験により、自分自身の心身の状態の変化を体感し、自分で自分のストレスに対処することの重要性を理解する。

②　本時の展開

主な学習活動	教師の働きかけ	備考
1　マッサージやストレッチで身体の筋肉をほぐす。	・前回は理論を中心に行ないましたが今回はさまざまなリラックス方法を実践する時間とします。 ・身体で疲れているところはどこですか。	

	→目・肩 ・疲れ目で起こる症状にはこのようなものがあります。 	

疲れ目
・目が疲れる
・目がかすむ
・目の奥が痛い
・しょぼしょぼする
・ピントが合わない

眼精疲労
・頭痛がする
・こめかみの痛み
・吐き気がする
・よく眠れない
・集中できない

	・勉強をしていると、近距離でずっと同じ場所を見るから目も疲れます。疲れ目が悪化すると眼精疲労になり、一時的に視力が低下したり、肩こりや頭痛の原因にもなります。 ・目の周りにはたくさんの神経があります。眼球を避けて、目の周りをトントンと優しく叩いてみましょう。 ・ストレスがかかっている状態だと無意識に身体に力が入ります。 ・勉強していると、肩が内側に入って肩や首、鎖骨周り、肩甲骨のあたりの筋肉がかたくなります。筋肉が固くなると緊張性の頭痛などがする場合があります。 ・勉強の合間にできるリフレッシュ法&リラックス法として、効果的なストレッチを紹介します。勉強の合間に、血流をよくするとその後の集中力や頭の働きが高まり、効率が全く違います。 ・体の力を抜くストレッチをします。	
2　ペアリラクセーションを実施する。	・次はペアで行なうリラクセーションです。 ・手を当ててもらって、どうでしたか。 →眠たくなった、気持ちよかった、温かかった、安心した　など ・ただ肩に手を当ててさするだけですが、高いリラックス効果と血流改善の効果、筋肉	資料提示 ＊p.78〜81 　参照 ペアは男女別 出席番号順。

	の緊張をほぐす効果があります。簡単なので、ぜひ疲れた時などに友達同士とか、おうちの人とかにやってもらってみてください。	(担任にペアの組み方を確認する)。
3 漸進性弛緩法を実施する。	・受験前日の夜、眠れるでしょうか。 ・今現在もなかなか眠れなかったり、眠りが浅かったり、夜中目が覚めてしまう人はいませんか。 ・前回説明した自律神経の働きのせいで、交感神経が優位になって戦闘態勢になっているから眠れなくなるのは自然な状態です。もし眠れなくなった時、「あー交感神経が働いてるんだな」と思ったら楽になります。戦闘態勢だから、無意識に身体に力が入ってしまっています。これを抜いたら、副交感神経が働いてリラックスして眠りにつきやすくなります。では、実際に眠りにつきやすくする方法をやってみましょう。 ・これから力を抜いて眠りに入る準備をします。力が抜けたら、前回やった呼吸法を寝たまま行ないます。 ・このあと、動きを指示するのでそれに従って力を入れたり抜いたりします。	*p.74, 75 参照
4 横になった状態でマインドフルネスのボディスキャン瞑想を実施する。	・では好きな場所にバスタオルを敷いて、仰向けに横になってください。隣の人とあまり近すぎないように間隔を空けてください。 ・リラックスが目的なので、全身でリラックス状態を感じてください。その過程で眠ってしまってもかまいません。	*p.82, 83 参照 ここから部屋を暗くする。 ここからリラクセーションの音楽を小さな音で流す。
5 横になった状態で呼吸法を実施する。	・このまま呼吸法に入ります。 ・終了です。覚醒動作を行ないます。	*p.73, 74 参照

	・今回は受験に向けてやってみましたが、前回と今回行なったことは、これからの長い人生を自分で乗り越えるためのスキルです。今は予想もできない辛いことが待ち受けているかもしれません。そんな時、少しでも自分のストレス状態を軽減する方法を身につけているかどうかでその後の人生が大きく変わります。それができれば、あなたたちは絶対に大丈夫です。どんな困難も乗り越えられます。	呼吸法も音楽をかけたまま、5分程度実施。

（5）題材を終えて

1）1時間目の授業について

　授業実践時の生徒の実態としては、全体的に受験に向かう姿勢はできてはいるが、勉強に対して焦りを感じている生徒や受験への不安から体調不良を訴える生徒がおり、その程度や意識の差は個人によって大きく異なる状態であった。

　1時間目の授業では2時間目の実践の効果を高めるためにストレス理論から行なった。授業の導入では、受験直前から当日にかけてストレスがかかっている時の心身の状態を予想した。具体的に予想することにより、一人ひとりが自分ごととしてとらえ、今後自分の身に起こる可能性のある心身のストレス反応を軽減させる必要感が高まったと考えられる。

　さらに、どのような状態であれば最大限の力を発揮できるか考えることにより（表⑬）、心身の良い状態を具体的にイメージし、その状態を意図的につくることでセルフコントロールする力を養うことにつながると感じた。また、1時間目に行なった呼吸法を実践する場として2月上旬にある模試を想定し、その前後に1時間目と2時間目の授業を設定した。これは模試を通して、本番に近い緊張感とそれによる心身のストレス状態、そして呼吸法を実施したときの効果を実感することをねらいとした。

表⑬　「自分が最大限の力を発揮できるときの状態」生徒の意見

・リラックスしている　・集中している　・いつも通りの感じ　・身体は元気 ・落ち着いている　・ポジティブな気持ち　・大笑いした後のような感じ ・リラックスと緊張の間くらい

2）2時間目の授業について

　①　リラクセーション技法の発達段階に応じた配慮について

　2時間目ではリラクセーション技法を実践した。1時間目にストレスマネジメントの意義を理解した上で2時間目の実践に入ったことにより、実践に対する必要感の高まりから主体的に取り組む姿が見られた。今回行なったリラクセーション技法のうち、ペアでのワークと漸進性弛緩法については、中学生という発達段階を考慮し、より簡便な方法を選択した。ペアで行なうリラクセーション技法に

は、絆のワーク、肩の動作法などがあるが、今回は肩に手を乗せるだけという絆のワークを行なった。ペアでの実施の方法については、複数の手法から発達段階に応じて今後選択できるようにすると良いと考える。

ペアリラクセーションについてはストレス軽減に効果的であることは実証されている。授業で行なったペアリラクセーションの実践では、中学生という発達段階を考慮し工夫して実践した（表⑭）。

表⑭　ペアリラクセーションの工夫点

・男女別でペアを組む ・肩に手を当てる前に手を温めることで気持ちの準備をする時間を作る ・プラスのメッセージを心の中で言うこと（言葉にすると抵抗がある発達段階であるということや、人間関係の影響も受けてしまうため）

はじめの生徒の様子からは、恥ずかしがったり、くすぐったがったり、少し落ち着かない様子が見られたのに対し、ペアで交代すると、全クラスの全てのペアが静かに集中して取り組んでおり、ペアの前半と後半で姿の違いが歴然であった。これは、前半の実践で、肩に手を当てられた生徒と手を当てている生徒の双方がリラックス効果や安心感を感じていたということが考えられる。

漸進性弛緩法は力を入れて順番に抜いていく方法と、一気に力を抜く方法がある。今回中学生という発達段階を考慮し、一気に力を抜く方法を選択した。実際に実践してみて、全身に力を入れる場面でさえ一部の生徒は上手く順番に力を入れられない生徒も見受けられたので、順番に抜いていくのは困難であるということが予想できたためである。一気に力を抜く場面では、多くの生徒が吐息をもらしており、全身の力が抜けている様子が見て取れた。

ストレスマネジメントにおける研究の中でも近年、その効果が注目されているのがマインドフルネスである。その中のボディスキャン瞑想は、指示に従って足先から全身へと意識の集中を巡らせていくリラクセーション技法である。マインドフルネスは技能の習得が必要なく、指示通りに意識を集中させていくものなので、小中学生にも有効な方法の1つであると考えられる。

呼吸法については、1時間目に自律神経を整える方法として座位で実施し、受験当日でもできる方法として紹介した。これは、生徒にとって受験を乗り切る安

心材料の１つになったのではないかと推測する。

　他のリラクセーション技法もある中で、２時間目の最後にも再度、呼吸法を実施したのは、呼吸法はどのリラクセーション技法よりも知識や技術が必要なく、簡便であるという性質から、いつでも実践できるよう生徒に習得させたいという意図があった。また、臥位での呼吸法は、１時間のリラクセーション技法の実施を通して、より高いリラックス効果を感じることをねらいとした。リラックス効果を感じたことがない生徒が、リラックス効果を感じることで、今後の個人での実践に結びつくと考えたからである。

　生徒には、座位の呼吸法は受験会場で、臥位の呼吸法は受験前日眠れない時などに自分で実践できるようにと具体的な使用場面も提示しながら実践を行なった。

②　リラクセーションの順序について
　今回は２時間目の実践の後半で床に横になった状態で、漸進性弛緩法、マインドフルネスのボディスキャン瞑想、呼吸法という順序で行なった。呼吸法から漸新性弛緩法に入る流れはこれまでも実践されている。しかし、今回受験を控えた３年生は心身共に緊張状態であると予想し、まずは身体の緊張状態をほぐしてから呼吸法に入るという順序での実践とした。

　授業後にとったアンケートではリラックス効果を感じた生徒は、漸進性弛緩法では45％、ボディスキャン瞑想では30％、呼吸法では51％であった。個別にみると高い数値ではないが、１時間を通してリラックスできたと答えた生徒は92％にのぼった。先行研究では、複数のリラクセーション技法を連続的に実施することで気分改善効果を高められることが明らかにされている。それに加えて、全身の力が抜けた状態をつくってからマインドフルネスのボディスキャン瞑想と呼吸法に入るといった順序の一連の流れにより、１時間を通して高いリラクセーションの効果が得られたのではないかと考えられる。これについては、コントロール群を用いていないため、順序の違いによる効果についての検証はできていないが今後研究の余地があると考える。

3）授業実践後の生徒の
変化について

　残念ながら、不安定な
受験期の生徒のストレス
マネジメント教育は評価
を行なうのに適さないた
め、詳細な変化について
は述べることができな
い。しかしながら、保健
室を利用する生徒の状況
に変化が現れた。

　授業を行なう前は、不
安や緊張による吐き気や
腹痛、不眠などの体調不
良を訴えて保健室へ来室
する生徒がいたが、授業
実践後、放課後に保健室
でリラクセーションを行
なう時間を設けると、多

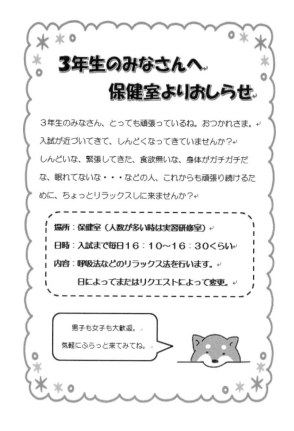

くの生徒が利用した。また、これまで体調不良を訴えて保健室に来ていた生徒
が、ストレスマネジメントを目的に来室するという変化も見られた。

　保健室への来室の男女比は女子生徒が多いとされている。本校でも圧倒的に女
子生徒が多いが、授業実践後は３年生男子生徒の来室が増加した。来室理由は受
験に対する心身の不調に関する相談で、養護教諭のストレスマネジメントの授業
により、男子生徒が保健室を利用しやすくなったと考えられる。

　保健室でのリラクセーション技法は、その都度生徒の状態に合わせて変更し
た。回数を重ねるごとにどの生徒も集中して取り組むことができるようになり、
実践を重ねることでより高いリラックス効果を得られたと考えられる。

第3章

リラクセーション技法

第 1 節　リラクセーション技法の意義

　ストレスマネジメント教育の目標の1つは、「ストレスコーピング」(ストレス
への対処法) を習得することで、ストレスコーピングは問題焦点型と情動焦点型
に分けられる。

　①問題焦点型

　問題の所在を明確にし、問題そのものを解決しようとすることであり、うまく
機能すれば問題が解決されストレスはなくなる。

　②情動焦点型

　リラックスするなどして問題から一時逃避し、ネガティブな情動反応を軽減す
ることである。機能すれば問題は解決されなくてもストレスは軽減される。

　本実践においては、自分の思いや行動だけでは即時的な解決が難しい問題を抱
えがちな中学生という発達段階や、過剰適応という状態を支えるといったことを
踏まえ、情動焦点型のコーピングに着目した。また、認知行動療法に代表される
ような、認知に働きかける方法も多数あるが、授業においては、主に身体から心
にアプローチするリラクセーション技法を中心に実施した。

第2節 授業で実施したリラクセーション技法

1 姿勢と準備

（1）「椅子の背もたれには自分の体をゆだねないで、自分の体は自分で支えるように座りましょう」 （2）「脚は肩幅に開き、膝の角度は鈍角になるように、足の裏全体を床につけましょう」 （3）「腕は力を抜いて体側の横にダラーンとするか、太ももの上に自然に置きましょう」 （4）「自分のペースでゆっくり細く息を吐きましょう。息を吐き切ったら、大きく、自然に息を吸い込みましょう」	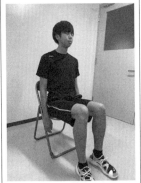 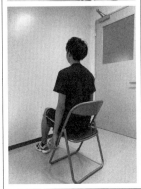

2 呼吸法

　呼吸法は、胸式呼吸が習慣化した心身を、意図的にリラックスしているときに見られる腹式呼吸に回復する方法である。胸式呼吸では一度に0.4リットルの換気量なのに対し、腹式呼吸はその7倍の約2.9リットルにもなる。そのため、呼吸回数を減少させ、かつ効率よく酸素を取り入れることができる。腹式呼吸によ

って肺と心臓の負担を軽減することができる。

　呼吸法により、心身がリラックスした状態になると、ストレスや課題にも過剰反応せずに対処できるようになり、自己をコントロールすることができるようになる。

（1）「吸うのが緊張、吐くのがリラックスです。リラックスしたい時は、吐く息を少し長めにします。息を吐くとお腹がしぼんで、息を吸うとお腹が膨らみます」 （2）「吐く息とともに、イライラや身体の疲れが身体の外に出ていく感じをイメージしましょう」 （3）「吸う息とともに、新鮮な空気が身体の隅々まで入ってくる感じをイメージしましょう」	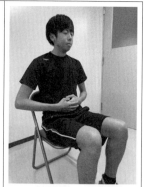
（4）「自分のペースでゆっくり細く息を吐きましょう。息を吐き切ったら、大きく、自然に息を吸い込みましょう」 （5）「お腹が膨らんだら少し止めて、ゆっくり細く長く息を吐きましょう。吐く息とともに身体の力が抜けて行くイメージをしましょう」	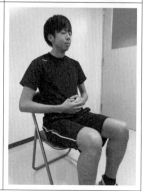

3　漸進性弛緩法

　漸進性弛緩法は、筋肉が意識的に力を入れて、脱力することで、それにつられて各部位の緊張がゆるむという特性を利用して、心身にリラックス状態を段階的に与える方法である。これは身体的側面から心身のリラックスをもたらし、児童生徒でも取り組みやすい技法の1つである。

　原法は、かなりの時間を要するため、授業では簡略化した方法で行なった。生

徒の振り返りからは、この方法でも十分なリラックス効果を得られることがわかった。

	椅子に座った状態	仰向けの状態
（1）「両手首を曲げます」		
（2）「両手首を曲げたまま、両足首を曲げます。他はリラックスします」		
（3）「両手・両足は力を入れたまま、次に肩を開いて背中に力を入れます。		
（4）「両手・両足・肩・背中の力を入れたまま、お尻を浮かせるようにして腰・お尻に力を入れます」		

（5）「両手・両足・肩・背中・腰・お尻の力を入れたまま、最後に顔に力を入れます。奥歯を噛みしめて目をぎゅーっとつぶります。これで身体全部に力が入っています」		
（6）「それでは一気に全身の力をぬきましょう」		
（7）「ここからもっと力が抜けていきます」 「そのまま、ゆっくりと呼吸を繰り返します。鼻から息を吸って、口からゆーっくりながーく吐き出します。吐くときにはイライラや不安、緊張が全て身体から出て行くようなイメージをします」		

4　肩のイメージ動作法

　動作法は、援助を必要とする人と援助する人がペアで心身を弛めるコツを習得していくことが基本であり、さまざまな形態と幅広い内容が活用されている。授業ではいつでも、どこでもひとりで心身を弛めることができる技法を行なった。

（1）「椅子に深く腰をかけ、真っ直ぐな姿勢をとります」 （立腰）	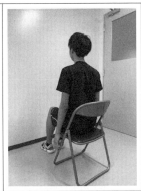
（2）「両肩を耳につけるように、ゆっくり上げていきます」 （3）「首や肘や足に力が入っていないか確かめましょう」 （4）「もっと高く上がるかなとメッセージを送ってみましょう」	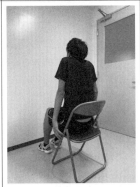
（5）「両肩の力をストーンと力を抜きます」 （6）「真っ直ぐな姿勢を保ち、肩の感じを感じてみましょう」 （7）「まだ、肩に余韻が残っているかもしれません」 （8）「ふっと肩に力が入っていた自分に気づくことができるかもしれません。そして、楽な姿勢をとりましょう」	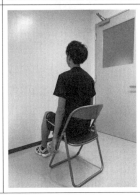

5　絆のワーク

　うまくいかないことや、辛いことが起きたとき、また元気になるためには、ひとりで頑張るだけでなく、互いに助け合うことが大切である。この絆のワークは、他者の温もりを感じながら、メッセージを送り合うことで、助け合い、支え合っていることを手を通じて感じることができるワークである。このワークは被災地でも実際に行なわれた心理的援助である。

（1）後ろの人は自分の手をこすりあわせて温めます。 （2）座っている人は目を閉じてうつむくようにしてください。 （3）前の人の肩に手をおきます。軽すぎず、力入れすぎず、相手が手の重みを心地よく感じるくらいの重さでおいてあげてください。 （4）少しそのまま手を当てていてください。じんわりあったかいのを感じてください。 （5）後ろの人は心のなかで「よく頑張っているね」などとプラスのメッセージを送ってあげてください。 （6）次は首から肩にかけてさすってあげてください。 （7）最後にもう1度肩に手を当てて、またじんわりとした温かさや心地の良い重みを感じてください。 （8）終了です。交代してください。

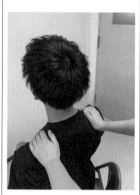

6　ペア・リラクセーション

　ペア・リラクセーションは、ペアになって行う動作法の基本である。セルフリラクセーションより、肩の弛みの心地よさを明確に実感できる。相手から自分の頑張り方や弛め方を気づかせてもらい一方で、相手の頑張り方や弛め方を直に感じることで、援助体験ができる。

（1）肩上げ

（1）準備 ・「ひとりは椅子に深く腰をおろし、ひとりは後ろに立ちましょう」	ふたり一組 ＊同性同士が原則
（2）肩に手を置く ・「前の人は、真っ直ぐな姿勢をつくりましょう。後ろの人は、前の人の肩に、しっかりとやさしく、手を置きましょう」 ・「あったかい気持ちを、手にこめて、やさしく手を置きましょう」 ・「2人とも、軽く目を閉じると、肩の感じがはっきりわかります」 ・「肩を上げたときに首がしまらないように、手を置きます」 ・「手を置いてもらうと肩から指先にすーっと力が抜けていきます」 ・「全身が、あったかく、気持ちがホッとしてきます」	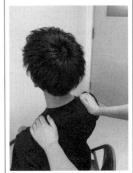
（3）肩の上下運動による緊張と弛緩を促し、声をかける ・「前の人は腕の力を使わずに肩を上げましょう」 ・「後ろの人は、『もっとあがるかな』、そして『すごいね』と言ってください」 ・「『腕、脚はリラックスですよ。顔はスマイル』って声をかけて」 ・「では、ゆっくりと肩の力を抜きましょう」	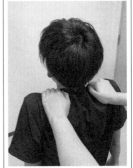
（4）肩の上下運動による緊張を、腕を持ち補助する ・「前の人は肩を腕の力を使わずに上げましょう」 ・「後の人は、『もっとあがるかな』と声をかけながら、前の人の二の腕を持って上にあげましょう」	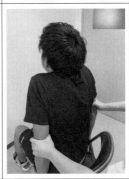

（5）肩の緊張を弛める ・「後の人は、前の人の腕を支えままで、前の人は肩の力を抜きましょう」 ・「後ろの人は、パッと手を離さないでください。ゆっくりと手を下ろしてください。すると、前の人は、すーっとしたさわやかな感じがしてきます」 ・「はい、楽な姿勢をとってください」 ・「『がんばったね』って言ってください」 ・「はい、どんな感じだったか、感想を話し合ってください」 ・「はい、それでは交替してください」	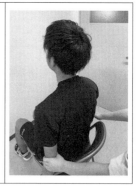

（2）肩開き

（1）準備 ・「ひとりは椅子に深く腰をおろし、ひとりは後ろに立ちましょう」	ふたり一組 ＊同性同士が原則
（2）肩に手を置く　＊肩上げと連続する場合は省略 ・「前の人は、真っ直ぐな姿勢をつくりましょう。後ろの人は、前の人の肩に、しっかりとやさしく、手を置きましょう」 ・「あったかい気持ちを、手にこめて、やさしく手を置きましょう」 ・「2人とも、軽く目を閉じると、肩の感じがはっきりわかります」 ・「肩を上げたときに首がしまらないように、手を置きます」 ・「手を置いてもらうと肩から指先にすーっと力が抜けていきます」 ・「全身が、あったかく、気持ちがホッとしてきます」	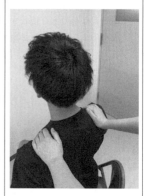

（3）肩を開く運動による緊張と弛緩を促し、声をかける

・「前の人は腕の力を使わずに肩を後に開きましょう」
・「後ろの人は、『もっと開くかな』、そして『すごいね』と言ってください」
・「『腕、脚はリラックスですよ。顔はスマイル』って声をかけて」
・「では、ゆっくりと肩の力を抜きましょう」

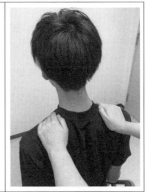

（4）肩を開く運動による緊張と弛緩を促し、肩を持ち補助する

・「前の人は腕の力を使わずに肩を後に開きましょう」
・「後の人は、『もっと開くかな』と声をかけながら、前の人の肩を持ち親指を視点にして開きましょう」

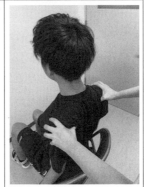

（5）肩の緊張を弛める

・「後の人は、前の人の肩を支えたままで、前の人は肩の力を抜きましょう」
・「後ろの人は、パッと手を離さないでください。ゆっくりと手を下ろしてください。すると、前の人は、すーっとしたさわやかな感じがしてきます」

・「はい、楽な姿勢をとってください」
・「『がんばったね』って言ってください」
・「はい、どんな感じだったか、感想を話し合ってください」
・「はい、それでは交替してください」

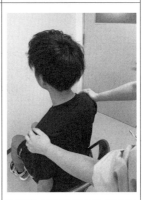

7 マインドフルネス ボディスキャン瞑想

マインドフルネス瞑想にはいくつも種類がある。その中でも、ボディスキャン瞑想は体と対話しながら行なうもので、体と心のつながりを回復させる効果が高い瞑想法である。

ボディスキャン瞑想を継続していくことで将来への不安や過去への後悔といった心を乱す感情や思考にとらわれにくくなり、今ここに対する集中力が増す効果が期待できる。

・鼻から吸って、口からゆーーーっくり吐いて。ゆっくり呼吸を繰り返します。
・呼吸を繰り返しながら、身体のすみずみに意識を集中させていきます。
・まず、床と身体が触れている感覚に意識を集中させます。（写真①を参照）息を吐くたびに、横たわっている全身の感覚を感じ取ります。

写真① 床と身体が触れている感覚

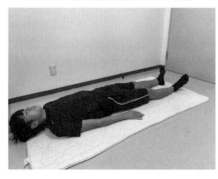

・息を吸ったときにお腹がふくらんで、吐いた時にお腹がへこむのを感じ取ります。
・意識を足に集中させます。両足のつま先にどのような感覚があるでしょうか。（写真②を参照）なにも感じない場合は、感じないということだけで大丈夫です。わずかに感じる場合は、そのわずかな感覚に意識を集中させてください。
・息を吸ったときに、新鮮な空気が体中に入り込み、足のつま先まで到達するの

写真②　両足のつま先の感覚

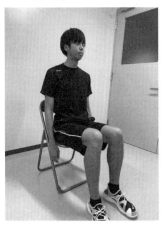

　をイメージしてください。逆に息を吐いたときには、その空気が足先から口へ
　向かい、外へ出て行くのをイメージしてください。
・次は、意識をつま先から解放し、足の裏へと移動させます。
・さらに足の甲、かかとへと移動させていきます。床とかかとが触れている部分
　に圧がかかっていることを感じるかもしれません。
・足首、すね、ひざ、太もも、おしり、腰、背中、お腹、胸へ
・両手の指先、手のひら、手の甲、手首、肘、腕全体、肩、首、顔へ
・最後に、全身の感覚を感じ取ってください。

その他のリラクセーション技法

1 自律訓練法

　自律訓練法は、「心身のリラックス健康法」などと呼ばれ、医療分野や健康分野だけでなく、教育や産業領域でも広く活用されている。1日3度、1度につき3回、1回は3〜5分程度の練習を3カ月程度継続して習得できるものである。その効果は、習得状況や適用方法により違いがあるが、予防的・開発的な教育的支援としては次のような効果があると言われている。

・知的側面：注意力の増大、記憶力の改善など
・社会的側面：対人関係の緊密化、自発的活動の増大など
・心理的側面：不安の減少、情動の安定、攻撃性の減少など

　具体的には次のような身体の感覚の公式を心の中で繰り返しつぶやきながら、リラックスを深め心身の調和を図り、心の解放を促す。

・基礎公式　「気持ちが落ち着いている」（安静感）
・第1公式　「右腕が重たい」「左腕が重たい」「両腕が重たい」
　　　　　　「右脚が重たい」「左脚が重たい」「両腕・両脚が重たい」（重感）
・第2公式　「右腕が温かい」「左腕が温かい」「両腕が温かい」「右脚が温かい」
　　　　　　「左脚が温かい」「両腕・両脚が温かい」（温感）
・第3公式　「心臓が静かに規則正しく打っている」（心臓調整）
・第4公式　「らくに呼吸している」（呼吸調整）
・第5公式　「胃のあたりが温かい」（腹部温感）
・第6公式　「額が涼しい」（額の涼感）

（1）「気持ちが落ち着いている。気持ちが落ち着いている」
　　「心の中で繰り返しましょう」（10秒あける……）
（2）「右腕が重たい。右腕が重たい」
　　「心の中で繰り返しましょう」（10秒あける……）

（3）「左腕が重たい。左腕が重たい」

「心の中で繰り返しましょう」（10秒あける……）

＊以下、上記の公式にしたがって2度ずつ繰り返す。

2　タッピング

タッピングは、R. Callahan（2001）によって開発された技法で、エビデンスは確立されていないものの、指でツボをたたくことにより、精神的・身体的不調を改善させる効果を得る目的で行う。

①手のひらの側面を何も考えず15回程度タッピングし、全体のエネルギーを整える。

②準備タッピングとして、①〜④の各ポイントを順に15回程度タッピングする。

①手のひらの側面(PR)　②鼻の下　　　　③人差し指　　　　④鎖骨の下

③メインタッピングとして、⑤から⑩のメインタッピングのポイントを探すが、実施しながら自分に合ったタッピングのポイントを探すようにする。

  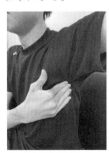

⑤眉がしら　　　　　　⑥目の下　　　　　　　⑦わきの下

⑧小指

⑨あご

⑩ガミュート（手の
甲の小指と薬指の溝
を2cmほど手首側
に下ろしたところ）

■あとがきにかえて

　筆者らは、長年、中学校において、ストレスマネジメント教育を実践してきた。ストレスマネジメント教育の対象とした生徒の多くは、周囲からの期待に応えるべく、相応の努力しており、保護者も大きな期待を寄せている。しかし、その一方で、自らに対する見方が厳しく自尊感情が低い傾向が見られ、不登校や自傷行為といった学校不適応を起こす生徒が多い。

　これは、「いい子でなければならない」という過剰適応の状態が続いていることに起因する。過剰適応から来る不適応状態の生徒に対する支援は、治療的な対処方法を探す一方で、予防的な対処法も視野に入れて取り組むことが重要である。

　予防教育としてのストレスマネジメント教育は、「ストレスとは何かを知る心理教育・試験へのストレス対処・人間関係のストレス対処」などのプログラムで構成されている。教育において子どもの心身の健康を守ることは、最重要課題であり、学校教育が中心的役割を果たすことが強く求められている。

　ストレスマネジメント教育の必要性を感じている教師は多いが、授業法や実施時期、年間計画での位置づけが難しいなど、学校教育の現場で取り組むにはいくつかの課題がある。本書では、ストレスマネジメント教育の汎用性を高めるべく、授業案の詳細な記載、学年ごとの最も効果的な内容の選別、リラクセーション技法の具体的な教示に力点を置き、編集した。学校現場に導入する際の参考になれば幸いである。

安川禎亮

■巻末資料：ストレスマネジメント年間計画（第1学年から第3学年）

学年	月	中学生の状態	保健体育・保健分野
第1学年	4	入学時の不安	■実施時期　6〜7月　3時間構成 ■題材名　ストレスを理解し対処法を身につけよう ■目標「ストレスと心身との関わりを理解し、ストレスとその反応には個人差があることを理解する」 ■主な学習活動 ・自分の取扱説明書の記入を通して入学時の心身の状態を振り返る。 ・取扱説明書の、ストレスの感じ方や対処などを比較する。 ■目標「適度なストレスの必要性を理解し、自らのストレス対処法を分析し適切な対処法（相談とリラックス）を理解する」 ■主な学習活動 ・ストレスを感じる場面を想起し、必要性について考える。 ・実践しているコーピングを交流する。 ■目標「リラクセーションによる心身の変化に気づき、自分でストレスに対処することの重要性を理解する」 ・リラクセーション技法の実施 ※関連ページ指導案 p.22〜40
	5		
	6		
	7		
	8	夏休み明けの不安	
	9		
	10		
	11		
	12		
	1		
	2		
	3	クラス替えに対する不安	
第2学年	4	新しい環境に対する不安	■実施時期　11〜12月　3時間構成 ■題材名　被災時のソーシャルサポートによる ■目標「自然災害発生時から、復興までの状況を時系列に想定することができる」 ■主な学習活動 ・被災後に起きることを想定し、対応策を調査する。 ■目標「知識、意識、備えの3つの側面から災害に対応するための具体策を考えることができる」 ■主な学習活動 ・災害の対応策を交流し、自分の命を守るための行動について考える。 ■目標「被災時の心身のストレス状態やその緩和の必要性を理解し、心理的支援を相互に体験することを通してその効果を体感する」 ■主な学習活動 ・資料の被災した少女に対する心理的支援について考える。 ・傾聴と触れるケアを実践する。 ※関連ページ指導案 p.41〜59
	5	不登校増加	
	6		
	7		
	8	夏休み明けの不安	
	9		
	10		
	11		
	12		
	1		
	2		
	3		
第3学年	4		■実施時期　1〜2月　2時間構成 ■題材名　ストレスマネジメントで受験を乗り切ろう ■目標「ストレスと心身との関わりを理解し、ストレス対処の方法を身につける必要があることを理解する」 ■主な学習活動 ・受験期の心身の状態を予想する。 ・ストレス対処による心身の状態の変化を体感する。 ■目標「リラクセーションによる心身の変化を体感し、自分自身でストレス対処出来ることを理解する」 ■主な学習活動 ・リラクセーション技法の実践 ※関連ページ指導案 p.60〜70
	5		
	6		
	7		
	8	夏休み明けの不安	
	9		
	10		
	11		
	12		
	1	受験期に対する不安	
	2		
	3		

学活	道徳	他教科
■4月【学級目標をつくろう】 ■目標「どのような学級にしたいのかを交流することを通して、互いの価値観を知り、尊重し合いながら学級目標を作成する」 ■主な学習活動 ・目指す学級像をポストイットを用いてあげる。 ・ポストイットをグルーピングしタイトルをつける。 ・タイトルをまとめふさわしい目標に作り上げる。	■7月【命の尊さ　D-19】2時間構成 自殺予防に関連した内容 ■ねらい　一人一人に与えられた生命の尊さを自覚させ、生きることの意味を考えることを通して、今生きていることに対して感謝する気持ちを養う。 ■教材名　いのちってなんだろう 決断！骨髄バンク移植第1号	■5月　体育科【体の柔らかさを高めるための運動】 ■目標「個人による動的なストレッチやペアによる静的なストレッチを通して身体各部の柔らかさを高める」 ■主な学習活動 ・さまざまな姿勢で腕や脚などを回転させる。 ・長座や開脚姿勢で体の外でボールを転がす。 ・ペアで押す力に抵抗してから一気に脱力する。
■7月【楽しい学校生活を送るために】 ■目標「悩みや不安について、その解決方策を考えさせ、自らの生活の向上を図る」 ■主な学習活動 ・学校生活を振り返り学習、家庭、友人点数をつける。 ・点数の理由を記述し、よりよくするための具体策を考える。 ※WSを用いて教育相談を行う。	■10月【理想の実現　A-4】 プラス思考に関連した内容 ■ねらい　資料の登場人物の、夢に挑戦した姿勢やその後の生き方に共感、夢の実現のために努力することが大切であることに改めて気づき、積極的に生きていこうとする心情を養う。 ■教材名　全てがリオでかみ合った	
■4月【他己紹介】 ■目標「インタビューや日常の姿から、隣の席の生徒を学級に紹介する」 ■主な学習活動 ・事前に本人や周囲の人から隣の席の生徒の情報を収集する。 ・隣の人の良さを中心に学級に紹介する。	■6月【勤労　C-13】 プラス思考に関連した内容 ■ねらい　資料の登場人物の震災後の復興を支える姿から、働くことに対する素晴らしさに気づき、勤労奉仕に対する前向きな心情を養う。 ■教材名　震災の中で	
■11月【思春期の不安や悩みの解消】 ■目標「悩みや不安について、その解決方策を考えさせ、自らの生活の向上を図る」 ■主な学習活動 ・悩みや不安に感じていることを書き出す。 ・自分の力で解決できることと、そうでないことに分ける。 ・自分の力で解決できないことへの対処法を考える。	■1月【相互理解、寛容　B-9】 共感的な姿勢に関連した内容 ■ねらい　資料の登場人物行動から気持ちの変化を読み取りながら、相手の立場になって考えたり、行動したりするためにはどのような心構えが必要なのかを考えることを通して、寛容な心情を養う。 ■教材名　なみだ	■10月　家庭科【中学生にとっての家族について】 ■目標「家族関係やこれからの自分の家庭生活をよりよくするための関わり方について考える」 ■主な学習活動 ・家族のイメージと親子関係のアンケートを比較する。 ・親子関係のストレスについて振り返る。 ・3つの言い方のロールプレイを行ない、それぞれの感じ方を交流する。 ・アサーティブな言い方をするためにはどうすれば良いか考える。
■5月【心の交流宣言】 ■目標「生徒会に代々伝わるスローガンの理解を通して、いじめを許さない気持ちを培う」 ■主な学習活動 ・より良い学校生活にするためのアンケートを実施。 ・いじめ防止スローガンに対する自己評価を行う。 ・学校、学級の状況について交流する。	■6月【公正、公平、社会正義　C-11】2時間構成 いじめ防止に関連した内容 ■ねらい　誰に対しても公平に接する気持ちをもちながら、適切な行為を主体的に判断し、実践しようとする態度を培う。 ■教材名　無実の罪 【自主、自律、自由と責任　A-1】 ■ねらい　他人の言動に左右されることなく、自分の正しいとする判断を勇気をもって、実行に移そうとする心構えを培う。 ■教材名　ある日の午後から	
■11月【ストレスマネジメント】 ■目標「困難に直面した時に、心をコントロールする方法があることを理解する」 ■主な学習活動 ・個々の心をコントロールする方法を交流する。 ・自分でできそうな方法を実践する。 ・呼吸法を実践する。	■2月【よりよく生きる喜び　D-22】 プラス思考に関連した内容 ■ねらい　自分の弱さと向き合い、乗り越えようとすることが、人間の良さであることに気づき、夢や希望のある生き方をしようとする心情を育てる。 ■教材名　足袋の季節	■12月　美術科【自分を覗く窓】8時間構成 ■目標「これまでの自分を時間軸と空間軸で振り返り、ボックスの中に表現しよう」 ■主な学習活動 ・これまでの自分を時間軸で振り返る（縦軸）。 ・その時々を空間軸（場所、人、環境）で書き表す（横軸）。 ・大切にしてきたことをボックスの中に表現する。

■参考・引用文献

経済産業省（2006）　https://www.meti.go.jp/policy/kisoryoku/（2019.12.1）

文部科学省（2003）　在外教育施設安全対策資料【心のケア編】第2章心のケア各論

石津憲一郎・安保英勇（2008）中学生の過剰適応傾向が学校適応感とストレス反応に与える影響　教育心理学研究、56(1)、23-31

浅井継悟（2012）　日本における過剰適応研究の研究動向　東北大学大学院教育学研究科研究年報、60(2)、283-294

風間惇希（2015）　大学生における過剰適応と抑うつの関連―自他の認識を背景要因とした新たな過剰適応の構造を仮定して―　青年心理学研究、27(1)、23-38

日潟淳子（2016）　過剰適応の要因から考える過剰適応のタイプと抑うつとの関連―風間論文へのコメント―　青年心理学研究、28(1)、43-47

文部科学省（2008）　中学校学習指導要領解説保健体育編　日本文教出版

文部科学省（2017）　中学校学習指導要領解説保健体育編　日本文教出版

自殺総合対策推進センター（2018）　昭和48年度から平成27年度における、通学適齢期の自殺者数に関する分析 https://jssc.ncnp.go.jp/file/pdf/2018-0807-report.pdf

文部科学省（2014）　子供の自殺等の実態分析 https://www.mext.go.jp/component/b_menu/shingi/toushin/__icsFiles/afieldfile/2014/09/10/1351886_05.pdf

厚生労働省（2017）　自殺総合対策大綱―誰も自殺に追い込まれることのない社会の実現を目指して―　厚生労働省

東京都教育委員会（2018）「SOSの出し方に関する教育」を推進するための指導資料

増田成美（2016）　中学生の援助要請行動と相談抑制に関する研究―文献レヴューを通して―　広島大学大学院心理臨床教育研究センター紀要、15、87-102

文部科学省（2014）　学校における子供の心のケア―サインを見逃さないために―

文部科学省（2010）　子どもの心のケアのために―災害や事件・事故発生時を中心に―

冨永良喜（2000）　心理教育プログラムの実践例　ストレスマネジメント教育の実践例 学校臨床研究、1(2)、39-45

文部科学省（1998-2013）　学校防災のための参考資料「生きる力」を育む防災教育の展開、

文部科学省（2013）　教職員のメンタルヘルス対策について 最終まとめ　教職員のメンタルヘルス対策検討会議、http://www.mext.go.jp/component/b_menu/shingi/toushin/

icsFiles/afieldfile/2013/03/29/1332655_03.pdf9

五十嵐透子（2001）　リラクセーション法の理論と実際―ヘルスケア・ワーカーのための行動療法入門　医歯薬出版株式会社

梶原綾・藤原有子・藤塚千秋・小梅節美・米谷正造・木村一彦（2009）平成10年度改訂学習指導要領下の「保健」授業におけるストレスマネジメント教育に関する研究　川崎医療福祉学会誌、18(2)、415-423

冨永典子（2000）　子どものストレス対処チェックリスト　兵庫教育大学修士論文

小関俊祐・小関真実・藤村奈央子［他］・高橋史（2015）　児童における認知的評価と対処方略の関連　ストレス科学究、30、52-60

髙橋良斉・辰巳朋子・八木利律子（2016）　学校現場での認知行動療法　最新精神医学、21(6)、413-422

坂入洋右（2011）　心身の過緊張の調整に有効なカウンセリング技法　バイオメカニズム学会誌、35(3)、181-185

地震調査研究推進本部（2017）　千島海溝沿いの地震活動の長期評価（第3版）https://www.jishin.go.jp/main/chousa/17dec_chishima/chishima_gaiyou2.pdf

金古晴（2006）　外傷ストレス関連障害に関する研究「心的トラウマの理解とケア」第2版：じほう

World Health Organization、Wae Trauma Foundation and World Vision International（2011）　Psychological first aid：Guide for fieldworkers. WHO：Geneva 訳：（独）国立精神・神経医療研究センター、ケア・宮城、国益財団法人プラン・ジャパン（2012）　心理的応急置置（サイコロジカル・ファーストエイド：PFA）フィールド・ガイド

公益社団法人日本看護科学学会　看護行為用語の定義一覧 https://www.jans.or.jp/modules/committee/index.php?content_id=33

山本裕子（2014）　触れるケアの効果　千里金蘭大学紀要、11、77-85

岡安孝弘［他］・嶋田洋徳・丹羽洋子・森俊夫・矢冨直美（1992）中学生の学校ストレッサーの評価とストレス反応との関係　心理学研究、63(5)、310-318

宮城政也・石垣愛一郎（2013）　中学生における単一モード・ストレスマネジメント教育について―受験ストレスの視点から―　琉球大学教育学部教育実践総合センター紀要、20、219-225

下田芳幸・塚越克也（2007）　中学生の受験期ストレスにおけるペアリラクセーション法の

特徴に関する検討　ストレスマネジメント研究、4(1)、41-44

山中寛・大平公明（2006）　ストレスマネジメント教育の現状と将来　学校保健研究、48(2)、134-140

土屋さとみ・小関俊祐（2017）　学校における集団マインドフルネスの有効性と効果指標の検討．心理学研究、7、55-66

兵庫県教育研修所心の教育総合センター（2012）　心の教育プログラム、10

徳田完二（2003）　リラクセーション技法が快適感に与える影響．人間福祉研究、(6)、127-135

竹下友理・杉田弥生・山田浩平（2012）　中学生における学校生活スキルと保健室来室状況との関連．愛知教育大学保健環境センター、11、23-28

冨永良喜（2015）　ストレスマネジメント理論による こころのサポート授業ツール集　あいり出版

藤原忠雄（2006）　学校で使える５つのリラクセーション技法　ほんの森出版

ロベルタ・テムズ（2009）　タッピング入門―シンプルになった〈TFT & EFT〉　春秋社

■編著者

安川禎亮（やすかわ・さだあき）
北海道教育大学教職大学院長（教授）。臨床心理士
同志社大学文学部卒業
兵庫教育大学大学院学校教育研究科修了
中学校教諭・教育委員会指導主事などを経て、現職
主な著書・共著、論文
『イラスト版子どものストレスに対応するこつ─家庭・学校ですぐに使える47のストレスマネジメント』（共著、合同出版、2018年）
『教育現場の非行少年』（北樹出版、2015年）
『仕合わせの糸』（北樹出版、2013年）
「教師にすすめるコーピング」『教育と医学』（分担）（慶應義塾大学出版会、2017年）
「クラスの荒れで追い込まれる教師」『児童心理』（分担）（金子書房、2014年）
「教師のストレスコーピング」『児童心理』（分担）（金子書房、2010年）など

■共著者

木須千明（きす・ちあき）
北海道教育大学附属釧路中学校養護教諭。学校心理士
北海道教育大学札幌校養護教員養成課程卒業
北海道教育大学大学院教育学研究科修了（予定）
中学校現場で養護教諭としてストレスマネジメントの個別実践、保健体育科・保健分野の授業において集団を対象にしたストレスマネジメント教育を研究・実践している。

柴田題寛（しばた・みつひろ）
北海道教育大学附属釧路中学校教諭。学校心理士
北海道教育大学釧路校卒業
北海道教育大学大学院教育学研究科修了
学校現場で長きに渡り生徒指導・教育相談・不登校支援に関する研究を進め、ストレスマネジメント教育を取り入れた教育活動について研究・実践をしている。

組版　キャップス
装幀　守谷義明＋六月舎

教育実践◎
中学生のためのストレスマネジメント教育

2020年3月30日　第1刷発行

著　　者　安川禎亮、木須千明、柴田題寛
発 行 者　坂上美樹
編集担当　須貝香織
発 行 所　合同出版株式会社
　　　　　〒101-0051
　　　　　東京都千代田区神田神保町1－44
　　　　　TEL:03-3294-3506
　　　　　FAX:03-3294-3509
　　　　　info@godo-shuppan.co.jp
　　　　　https://www.godo-shuppan.co.jp
　　　　　振替 00180-9-65422
印刷・製本　新灯印刷株式会社

■刊行図書リストを無料進呈いたします。
■落丁・乱丁の際はお取り換えいたします。

ISBN978-4-7726-1421-4　NDC 376　148×210